Begegnungen

Gregor von Rezzori

Begegnungen

Mit einem Essay
von Michael Horowitz

Illustrationen:
Peter Baldinger

J&V

1. Auflage 1992

ISBN 3-224-17687-3 Jugend und Volk

Umschlag und Illustrationen:
Peter Baldinger

Lifestyle

Wie man sich Ländern nähert

Der Busenfreund

Der Kampf ums Dabeisein

Café Sehnsucht

Michael Horowitz

Literat und Lebenskünstler

Reise über den Brenner zu einem Herrn aus der Welt von gestern

Die Gelassenheit der Seele. Als Tugend des Lebens. Das Lachen, das Achselzucken über Dinge, die es nicht wert sind, sich aufzuregen. Doch mitunter verliert der Souveränität ausstrahlende Herr die Geduld.

Dann schreibt er Briefe. Brillante, bitterböse Briefe. Etwa an den Herausgeber des Nachrichtenmagazins DER SPIEGEL. Dann ist es bei dem noblen Herrn vorbei mit der Gelassenheit der Seele. Wenn man in einer Titelgeschichte als „Watschenmann im intellektuellen Vergnügungsprogramm der Bundesspießer" charakterisiert wird, muß man wohl kontern: „Der Dank der Nation scheint darin zu bestehen, daß jeder zum ‚Journalisten' aufgetakelte Troglodyt die ‚Maghrebinischen Geschichten' zum Freibrief nehmen darf, mich, deren Verfasser, öffentlich als einen potentiellen Gauner hinzustellen; und daß jede in ihrer klimakterialen Gartenlaube-Blaustrümpfigkeit vergärende Feuilleton-Urschel sich für befugt hält, meine gesellschaftskritischen Schriften als Beleg dafür heranzuziehen, was für ein verwegener Adelsschwindler und geltungssüchtiger Snob ich sei."

Aber auch ein anderes deutsches Magazin – eines, das bis zur exklusiven „Enthüllung" der Hitler-Tagebücher Ansehen genoß, erhielt einen Brief. Die Hamburger Blattmacher schickten nämlich einen ihrer Tüchtigsten hinunter in die Toskana, um den 75. Geburtstag des Schriftstellers Gregor von Rezzori gebührend zu würdigen. Die hautnahe Reportage über den „balkanesken Kerl, der das harte Brot des

Dichters zu gern mit Kaviar belegen wollte", beginnt mit dem exakt formulierten Satz: „Manchmal furzt er."

Einige Zeit zuvor machte sich ein anderer, in Umgangsformen und Sprachstil weit eleganterer Kollege des deutschen Feuilletons auf den Weg. Diesmal ging die Reise von Frankfurt nach Florenz. Auch das Magazin der Frankfurter Allgemeinen Zeitung bot seinen anspruchsvollen Lesern ein Portrait des Jubilars. Liebevoll ausformuliert, von pathetischem Sprachwitz getragen, ist die Annäherung an den „Weisheitsverklärten, der aktiv nur noch Metaphern jagt". Doch zuvor begibt man sich an der Seite des gediegenen Schreibens – auf den Spuren des alten Baedecker und des Geheimrats Goethe – auf die Reise in den Süden. Was für ein Stil! Dem „alten Irrtum, glatte Oberflächen mit Oberflächlichkeit, gar mit Flachsein gleichzusetzen", sitzt der Feuilletonist aus Frankfurt nicht auf. Nein, wer wie er versucht, „zu Gregor von Rezzori vorzustoßen, merkt das schnell an der ihm wesensgemäßen Umgebung". Präzise – und dennoch prächtig die Analyse vom Zusammenspiel des Menschen mit der Natur: „Die toskanische Landschaft, in der er sich 1960 niedergelassen hat, ist die angemessene, angemessen verwirrende Außenwelt seiner Innenwelt. Glatt und einfach, ein geometrisches Gebild aus Weingärten und Kulturen, eine ansteigende, regelmäßige Fläche, mit großen Linienzügen aufgespannt: das Plateau des Pratomagno, der Großen Wiese, von Zypressen und Olivenbäumen interpunktierter Landstrich östlich des Arno. Unergründlich ist die obenhin gefällige Idylle."

Endlich in dieser obenhin gefälligen Idylle angelangt, werden wir mit „des Dichters Gravitationsfeld Gebell" konfrontiert: „Drei großformatige Zotteltiere vom Zuschnitt deutscher Schäferhunde morganatischen bis plebejischen Geblüts, überstimmt von einer aristokratischen Mehrheit, überall um des Reimes willen umherhopsenden Mopsen oder umherhöpsenden Möpsen mehrerer Generationen, inzestuöse Wälsungen . . ."

Begeben schließlich auch wir uns auf die Reise in den Süden. Besuchen wir den Literaten und Lebenskünstler Gregor von Rezzori.

Ein Wochenende im Juni 1992. Es scheint, als ob wirklich alle nach der langen Winterpause auf Hochglanz aufpolierten Oldtimer aus den Garagen Deutschlands geholt wurden. Zwischen all den Anhängern und Wohnwagen, Rennrädern und Surfbrettern, Motorrädern und Mobilheimen, die von ihren sonnenhungrigen Besitzern über die Brenner-Autobahn in den Süden gebracht werden, ragen sie souverän und stolz heraus. Die silbernen Porsche-356A-Cabrios, all die klassischen Engländer in racing-green wie Jaguar-E und -XK 150, die hochroten Ferraris und Alfas. Als Vertreter des deutschen Wirtschaftswunders eine Abordnung von „Nitribitt-" und „Adenauer"-Mercedes, ein Borgward Isabella und ein BMW Dixi-Cabriolet. Drinnen in den Prachtstücken die stolzen Besitzer. Je nachdem, ob am Beifahrersitz die Gattin und im Fond die lärmenden Kinder oder als Begleitung für einige entspannende Tage eine liebe Freundin sitzt – der Gesichtsausdruck der Fahrzeuglenker: angespannt, agressiv oder lasziv lächelnd. Die linke Hand ruht am chromblitzenden Nardi-Lenkrad, die Rechte hält das Funktelephon ans Ohr. Zu gern würde man noch ein letztes Mal zu Hause in Braunschweig oder Bremen der Firma letzte Anweisungen geben – damit ja alles klappt. Doch leider, dazwischen thronen die Alpen – die Verbindung will einfach nicht zustande kommen.

Inzwischen haben wir bereits *Trento* passiert, knapp zwanzig Minuten später sind wir in *Rovereto*. Und hier biegen plötzlich viele der Durchschnittsautos – meist auf Halde übriggebliebene Auslauf-Typen der siebziger und achtziger Jahre in etwas unaktuellen Farben mit nicht mehr ganz zeitgemäßen Front- und Heckspoilern – rechts ab. Der stimmungsvolle Gardasee lockt. Wie wenn sie einem geheimen, kollektiven KP-Kommando gehorchen würden, werfen sich die Reiselustigen aus der ehemaligen DDR von der *autostrada*. Statt an Bulgariens Goldstrand oder an den Balaton geht's heuer an den Gardasee.

Für uns, die wir zielstrebig vorbei an *Verona* und *Mantua* ziehen, dauert die Reise in das Land von Bocaccio, Brunelleschi und Boticelli, das in den letzten Jahren immer mehr zur Oase der Zweithausbesitzer und Freizeit-Weinbauern wurde, auch nicht mehr lange. Ein harmloser Streik an der *autostrada*-Mautstelle ist als verspäteter Willkommensgruß und zugleich Teil eines permanenten Überlebenstrainings für Italien zu verstehen – und dauert außerdem nur knapp drei Stunden.

Jetzt gilt es, sich zu stärken.

Knappe zehn Kilometer abseits der nach Süden strebenden Touristen-Horden befindet sich in *Rubiera,* einem malerischen Städtchen, *Arnaldos Clinica Gastronomica,* Ruhepol für den Reisenden. Küche, Bedienung und Ambiente hier in der *clinica* würden auch Gregor von Rezzori gefallen. Daher ist er sicher nicht böse, wenn ich ein wenig später komme. *Arnaldo* empfiehlt heute *Mazzancolle con radiccio all' aceto balsamico.* Zu Recht. Gelabt und gestärkt geht es zurück auf die Autobahn. Kein Stau, kein Streik kann mich jetzt mehr aus der Fassung bringen. Der *soave bolla* stimmt milde. Nur mehr gute 100 Kilometer trennen mich von meinem Reiseziel.

Am Telephon hat Rezzori unumwunden zugegeben, daß ich sein Haus nicht leicht finden werde. Der direkte Zugang zum Landgut *casa colonica* sei fast unmöglich, die Fahrt dorthin nur nach langjährigen Pfadfinder-Sommerlagern und Erfahrungen bei Rätsel-Rallys möglich. Die telephonischen Anweisungen für die Zufahrt waren exakt: 19 Kilometer nach *Firenze Sud* die *autostrada* verlassen, im rechten Winkel an *Incisa* zurück Richtung Florenz fahren. Ungefähr 10 Kilometer. Auf der Landstraße ja nicht nach *Valombrosa* abzweigen. Das machen die meisten Besucher – und finden sich dann auf einer nie endenden, engen Serpentinenstraße – landschaftlich wunderschön, zwischen Zypressen-Hainen und Wein-Plantagen – aber halt nicht in *Donnini*, der winzigen Ortschaft, durch die man unbedingt fahren muß. „Donnini“, der italienische Begriff für kleine, zierliche Frauen, wird an diesem drückend-schwülen Frühsommer-Nachmittag zu meinem Vademecum.

Die heftigen Regengüsse der letzten Tage haben die steile, schmale Straße zu einem Labyrinth werden lassen. Entwurzelte Bäume, Erdrutsche, Senkungen und Risse des Asphalts gestalten die Weiterfahrt zu einem weiteren Überlebenstraining. Doch ich gebe nicht auf. Verkneife mir, von einer Telephonzelle aus nochmals nach dem Weg zu fragen. Lieber raffe ich mutig meine wenigen Italienisch-Brocken zusammen, um einen Fischer in bis zum Bauch ragenden Stiefeln mit meinem Schicksal zu konfrontieren. Geduldig – zwischendurch wild gestikulierend – erklärt er mir den Weg zum *barone*. Außerdem weiß ich jetzt, daß es hier, in einem Seitenarm des Arno, prächtige *carpe* und *tince* zu fischen gibt. Sofern ich den freundlichen Italiener richtig verstanden habe.

Ich halte mich strikt an die Anweisungen, um nach *Donnini* zu kommen. *Donnini* muß ich einfach finden, durch *Donnini* muß ich einfach durch. Vorbei an der seit einigen Jahren geschlossenen *trattoria,* vorbei an der von Ginster und Lorbeer überwucherten *strada privata per la marnia*, hinauf zur *piazza domenico fiaschi*. Der „Hauptplatz" von Donnini – von den Einwohnern liebevoll *piazetta* genannt – ist das Herz der winzigen Gemeinde. Endlich habe ich mein Ziel erreicht.

Inzwischen ist es früher Abend geworden. Der Platz ist wie jeden Tag um diese Zeit zur Bühne geworden. Die Inszenierung „Lebenslust" findet statt. Die *piazetta* – kaum größer als ein halbes Fußballfeld – wird wie jeden Abend zur Kulisse, zum erweiterten Wohnzimmer. Umrahmt von der mit Wiesenblumen verzierten Madonna am Eck der *via cadorna*, dem Postamt, den beiden Greißlern, dem Zeitungsstand, dem Bäcker – und dem Unterwäschegeschäft. Mit den von den kräftigen Sonnenstrahlen der Toskana vergilbten und aufgeworfenen Photos in der Auslage. Die reizvollen Motive aus den sechziger Jahren erinnern an Gina Nazionale und Sophia Loren. Dazwischen zwanglos drapiert die bis knapp über das Knie reichenden hautfarbenen Mieder in XX-Large – aber auch *ultima moda*: Dessous und Badekleider von *la perla* und *malizia* in den Farben dieses Sommers. Zitronengelb, Gold und Mitternachtsblau.

Die Männer der Ortschaft sind heimgekehrt. Die meisten von den Möbelfabriken und Baustellen unten im Tal, nur manche aus den Weingärten und von den Feldern. Die Zeiten, in denen prächtige weiße Ochsen die Pflüge durch die Äcker der Toskana zogen, sind inzwischen längst vorbei. Bald nach dem Zweiten Weltkrieg wandelte sich auch Italien von einem Agrarland in ein Industrieland. In kleinen, versprengten Gruppen stehen die müden Männer jetzt herum, lachen verhalten – und plaudern über Fußball, Gott und die Welt. Auf der Bank mit dem abgewetzten Emailschild, das immer daran erinnern soll, daß man es sich auf einem Geschenk der Kreissparkasse von *Fiesole* bequem gemacht hat, sitzen stärkere, mittelalterliche Frauen in bunten Hauskleidern mit Blumenmotiven und ältere ausgezehrte, in schwarzen Klothkleidern. Man spricht über das nahende Gewitter, das heutige Fernsehprogramm und was am Wochenende gekocht wird. Zwei kreischende Kinder, die einem Hund nachjagen. Fünf Radfahrer aus dem Berner Oberland in rosa Renntrikots, die ratlos über eine auf dem Dach eines Topolino ausladend gebreitete Landkarte mit dem vielversprechenden Titel „Die schönsten Radrouten der Toskana" gebeugt, den Weg nach *Artimino* durchdiskutieren. Plötzlich kündigen sich von weither motorisierte Halbstarke an. Auch in Italien trägt die fortschrittliche Jugend in diesem Jahr T-Shirts und Lederjacken mit „Guns'n Roses"-, „U2"- und Freddie Mercury- Motiven. Schon haben die flotten Burschen auf ihren auffrisierten Vespas den Platz wieder verlassen.

Die mobile Fischfrau packt zusammen. Das Geschäft war heute gut. Nur einige *branzinos* und ein Korb voller *cozze* sind übrig geblieben. Die Frau, deren Gesicht an Anna Magnani erinnert, schwingt sich auf den Fahrersitz ihres sandfarbenen Wellblech-Kastenwagens und zieht – ein Lied pfeifend – hinunter ins Tal.

Vom Balkon des Hauses, in dem sich die Bäckerei befindet, brüllt eine vollbusige Frau – vermutlich die des Bäckers – *Clementina, Clementina, mangare subito* und merkt nicht, daß sich das gesuchte Mäderl mit den Sommersprossen und den blonden Zöpfen lachend unter dem Balkon versteckt.

Jetzt quert der kugelrund-kleine, gütig lächelnde Herr Pfarrer mit einer Rotwein-Gallone unterm Arm – in der sich die schrägen, letzten Sonnenstrahlen brechen – den Platz. Über der Gemeinde *Donnini* ist abendlicher Friede eingekehrt.

Man versteht, weshalb jeder einzelne Fellini-Film ein Kleinod – ein kleines, in sich geschlossenes Meisterwerk ist.

Il barone wird wohl schon auf mich warten. Aber jetzt ist es ja nicht mehr weit. Endlich - nach einigen Kilometern Mischung aus breitem Graben und schmaler Straße, die mich an eine Teststrecke für Allradfahrzeuge erinnert, bin ich an der ca. 80 Jahre alten *casa colonica* angelangt.

Seit siebenundzwanzig Jahren lebt Gregor von Rezzori hier. Besitzt außerdem eine Wohnung in New York und ein Haus auf Rhodos. Jedoch, die Zeiträume, die er in der Toskana, zwischen einem Hektar Wein und rund 600 Olivenbäumen, verbringt, werden von Jahr zu Jahr länger. Und, „so Gott will“, wird er hier auf seinem Landsitz, knapp 60 Kilometer von Florenz entfernt, „auch sterben“.

Der Feuilletonist aus Frankfurt hatte schon recht, die Hunde bellen bei der Ankunft eines Fremden tatsächlich. Momentan sind es sechs – davon vier Möpse. Die Anzahl der Hunde variiert ständig – es waren auch schon vierzehn. Ihre Namen werden immer phantasievoll ausgewählt. Romeo, Giuletta, Desdemona, Othello. Das Schicksal Othellos ist hart: der Arme wurde hergeschenkt und eines Tages von einem riesigen Mastino Neapolitano aufgefressen.

Fast freundlich öffnet mir *Fedora*, die gemeinsam mit ihrem Mann *Enrico* das Haus und den Garten betreut. *Il barone* warte schon seit Stunden auf mich. In der Küche. Er treffe gerade die ersten Vorbereitungen für das Abendessen.

Der Hausherr begrüßt mich überschwenglich – wesentlich herzlicher als die strenge *Fedora*. Zum Glück keine Vorwürfe, daß ich etwas zu spät gekommen bin. Fast einen halben Tag. Während mich „Grischa" mit dem linken Arm an sich drückt, schiebt er mir mit der rechten Hand etwas in den Mund. Frische Zuckererbsen. „Iß, die sind köstlich, aus dem eigenen Garten." Keine langen Begrüßungszeremonien, ich solle mein Gepäck später in den Turm bringen, jetzt wird gekocht. *Il barone* läßt sich von seiner Assistentin *Fedora* – die in seiner Gegenwart schon etwas weniger mürrisch wirkt – eine fast bis zum Boden reichende Schürze umbinden. Ein nobler Herr hat sich zum Koch verwandelt.

Ein Kunstwerk dominiert die Küche: Spoerris Puppenküchenherd, aus all dessen Öffnungen es teigig und bedrohlich hervorquillt. *Fedora* erhält vom Küchenchef kurze, präzise Anweisungen für untergeordnete Dienste wie Hacken von Kräutern und Eierschälen, während er selbst die wegen des heranziehenden Gewitters unruhig winselnden, nach Küchenabfällen bettelnden Möpse immer wieder mit dem untersten Teil seiner Schürze hinausjagt. Von einem riesigen Fleischerhaken über der Abwasch nimmt Grischa jetzt drei grauenhaft nackte Tauben. Die winzigen, todtraurigen Köpfe sind noch dran, Blut tropft aus den Hälsen. „Du magst doch Tauben, es gibt Taubenrisotto. Oder soll ich schnell einen Schafskopf auftauen? Ich hab' ein wunderbares Rezept aus Marokko mitgebracht – die Spezialität bei den geschmorten Schafsköpfen sind die Augen und das zarte Fleisch unterhalb der Backenknochen." Mein verängstigt-verzweifelter Gesichtsausdruck läßt für den Koch aber keinen Zweifel offen: Heute abend gibt es in der *casa colonica* Taubenrisotto.

Während er den vor sich hinköchelnden Fond, in dem später die armen Tauben gekocht werden, umrührt, fordert er von mir Informationen, was es in Wien Neues gebe. „Wie geht's Nina?" „Nina, meiner Tochter?" frage ich irritiert, „die kennst du doch gar nicht." „Aber nein, ich meine die vollbusige Nina mit der monströsen Ballfrisur; die Chefin des eleganten Bordells gleich neben der Piano-Bar unter der Anker-Uhr. Das ist das einzige Puff, das ich kenne, in dem es handgestickte Untersätze für die Gläser gibt", lacht *il barone*, während er *Fedora* bittet, Erfrischungen für uns zu bringen. Für mich eine bloody Mary, für ihn einen *sciroppo di amarena*, mit Mineralwasser aufgespritzt.

„Erinnerst du dich noch an unseren Streifzug durch das nächtliche Wien? Du wolltest, daß ich eine Geschichte schreibe – über das Wiener Nachtleben –." Ja, ich erinnere mich. Aus der Geschichte wurde nie etwas. Aber wir recherchierten gewissenhaft. Geendet hatte unsere berufliche Erkundung um sechs Uhr früh in Ninas Bordell. Recherchebedingt ließen wir uns von einer der jungen Damen – die alle in etwas zu knappe schwarze Bunny-Kostüme im Stil der siebziger Jahre gezwängt waren – die Séparées zeigen: Je nach Preiskategorie ausgestattet; von schmalen Diwans bis hin zu ausladenden Plüschdoppelbetten mit am Kopfteil eingebauten Kassettengeräten reichend, und von kargen Duschkabinen – nur durch einen milchigen Plastikvorhang vom Rest des Raumes getrennt – bis hin zu einem lachsfarbenen Whirlpool. Auch bei Qualität und Format der Handtücher waren exakt abgestufte Unterschiede zu bemerken. Die Frotteeware von winzigen Waschlappen bis zu doppelt gewalkten, flauschigen Badetüchern – natürlich in Lachs gehalten. Farblich dem Whirlpool angepaßt.

Die Hunde winseln weiter, *Fedora* bringt die nächsten Drinks. Und Grischa kommt ins Schwärmen. „Zuvor waren wir in der wunderbaren Eden. Dort habe ich die Liebe meines Lebens gefunden. Dieses anbetungswürdige, kaffeebohnenbraune Geschöpf mit den herrlich rotgeschminkten Stempelkissenlippen, aus denen Raubtierzähne leuchten. An ihrem Busen hat all mein Sehnen und Begehren endlich Stillung gefunden . . . ihre ins Mikrophon hineingehauchte tiefe Lebensweisheit hab' ich noch genau im Ohr: Love is just a bunch of cherries . . ."

Während unsere verklärten Gedanken im nächtlichen Wien sind, werden die Hunde und ich ständig mit den Ingredienzen der Suppe gefüttert. Zunge, Rindfleisch und Ochsenschlepp. Jetzt werden die Tauben in dem riesigen Kochtopf versenkt. „Die Burschen brauchen nicht lange, knappe zwanzig Minuten, wir essen inzwischen die Vorspeise."

Der grüne Spargel in einer Oliven-Ei-Sauce schmeckt ausgezeichnet. Ebenso der Wein. *Cannaio die Monte Vertine.* „Auf Nina, die Bunnies und meine haselnußbraune Göttin", prostet mir mein Gastgeber zu. Das Taubenrisotto wird serviert. Mein Vorurteil war unbegründet. Ein wunderbares Abendessen. In einem gediegen-eleganten Haus, das den Besucher vom ersten Moment an mit Harmonie und Herzlichkeit des Gastgebers umgibt. Erlesene Antiquitäten aus aller Welt gefühlvoll kombiniert mit moderner Kunst. Bilder und Objekte von Dorazio, Tápies und Pistoletto. Sein Spiegel mit der nackten Lautenspielerin hängt – wo er hingehört – im Boudoir.

Die Bilder seien alle von *Beatrice* ausgesucht. Sie sei gerade für einige Tage in New York. *Beatrice Monti della Corti.* Eine armenische Prinzessin. Seit einem Vierteljahrhundert sind sie verheiratet. „Eine gerechte, kluge Frau", schwärmt Grischa. Natürlich erheben wir auch auf ihr Wohl die Gläser. Sie sei eine der führenden Galeristinnen Europas und hat in Mailand die *Galleria dell' Ariete* zu einer der besten modernen Kunstgalerien Italiens gemacht.

Dessert und selbstgekelterten Rotwein nehmen wir im Salon ein. An allen Wänden Bücher bis zum Plafond reichend, in kreativer Unordnung, Keramikgegenstände, Heiligenfiguren, Wandteppiche.

Nach einer kurzen Führung durch das Haus begleitet mich der

Gastgeber zum „Turm“. Einem separiert stehenden schmalen Haus mit genausoviel Zimmern wie Stockwerken. Hier werden die Gäste untergebracht. „Wenn du willst, erzähl’ ich dir morgen früh ein bißchen. Vom Leben. Von meinem Leben. Halt Greisengemurmel. So wird übrigens auch mein nächstes Buch heißen . . .“

In meinem Turmstübchen mit dem Jugendstil-Messingbett, dem Seiden-Bettüberwurf in türkischem Muster, den französischen Stichen von Jagdhunden, all den kleinen, feinen Dingen, die zwanglos verstreut herumliegen, fühlt man sich sofort wohl. Hätte nur ein einziges Hotelzimmer den Hauch von Geschmack, Esprit und Harmonie dieses Raums.

Erschöpft vom ereignisreichen Tag, blättere ich noch in den mitgebrachten biographischen Unterlagen: Gregor von Rezzori d’Arezzo, dessen Familie ursprünglich aus Sizilien stammte, kam am 13. Mai 1914 in Czernowitz in der Bukowina zur Welt. Seine Eltern stimmten mit den Lehrern überein, daß aus dem Buben, „einer solchen Mischung von neurotischer Sensibilität und Neigung zur Gewalttätigkeit“, nie etwas werden könne. Der „ziemlich hoffnungsvolle Fall eines jungen Menschen mit stumpfer Lernunfähigkeit“ schleppte sich „im Schneckentempo der Tage lustlos durch das öde Dasein“ seines Knaben-Lebens.

Fünf Menschen prägten seine Kindheit: *Kassandra*, die halbwilde, rumänisch-ruthenisch-huzulische Amme, an deren schweren Brüsten er sich nährte und die ihm später nicht Gute-Nacht-Lieder vorsang – sondern ihn vielmehr zwang, sich selber irgendwelche Wiegenlieder vorzusingen. Weiters lebten zwischen den beiden Kriegen in der Bukowina, einem ehemaligen Kronland der Habsburgermonarchie, „um ihn herum“ seine Mutter, sein Vater, die Schwester – und Fräulein *Lina Strausz*. Eine äußerst resolute, „in die Familie innig eingewachsene“ Erzieherin.

Den Schulen endlich entwachsen, studierte der junge Herr von allem ein bißchen. Bergbau an der Montanistischen Universität von Leoben, später in Wien Malerei und Medizin, kurze Zeit auch Architektur, vom gestrengen Großvater dazu angehalten, der selbst Architekt war.

Anekdotisch schildert der Schriftsteller in den autobiographischen Teilen seiner Bücher seine Kindheit in Wien. In einer verdösten Seitenstraße des III. Wiener Bezirks.

Die Großmutter mit der „gichtverzerrten Klaue, an der die polierten Nägel ebenso hart glitzerten wie die Diamanten der letzten noch beibehaltenen, weil in die Fingerwurzeln eingewachsenen Ringe". Oder „die treue Marie", nach fünfzig Jahren Dienstzeit bei einer mehr als schwierigen Familie, die „breitbeinig, mit den durchgedrückten Knien und knolligen Waden eines Herolds aus der Tudorzeit mechanisch heranzitterte", wenn die Großmutter über die Patiencekarten hinweg nach ihr klingelte.

Oder die „verstiegenen Ideen" der unverheirateten Tanten des Autors. Die Trägerinnen „gebieterischer Lodenkostüme, Halterinnen überfetteter Spaniels" waren ihr Leben lang glühende Anhängerinnen aller okkulten Wissenschaften, von der Sternenkunde bis zur Parapsychologie. Nach dem Tod ihres Mannnes kapselte sich die Großmutter im vorderen Teil der geräumigen Wohnung von Verwandten und anderen unangenehmen Dingen völlig ab. Daher betrat sie auch niemals die hinteren, dem Hof zugewandten dunklen Zimmer. In diesen veranstalteten die beiden esoterischen Tanten jeden Mittwochabend spiritistische Séancen, deren dominierender Mittelpunkt „Herr Malik" war.

Herr Malik war Ingenieur, verfügte jedoch über magische Kräfte, „mit deren Hilfe er aus medial veranlagten Personen die Seele herausmassierte, so daß sich das leere Gefäß des Körpers mit der freien Seele eines Verstorbenen, noch nicht Wiedergeborenen, füllen konnte. Der solcherart ‚Zitierte' sprach dann aus dem Mund des Mediums tiefsinnigen Unsinn, mit dessen theologischer Ausdeutung sich die Tanten beschäftigten." Begleitet wurden die Mittwochabend-Séancen von den gedämpften Klängen der Kammerkonzerte bei Raubitscheks, der Familie des jüdischen Universitätsprofessors, deren Wohnung sich genau über den Räumen des Parapsychologischen Kreises befand. Und auch jeden Mittwochabend gab es bei Raubitscheks Gesellschaften, deren Höhepunkt immer Hausmusik war.

Minka Raubitschek, genannt „die junge Raubitschek", war ein temperamentvolles, jedoch sehr eigenwilliges Mädchen, das sich einmal – anläßlich eines wilden Streits mit ihrer Mutter – über das Fensterbrett schwang und auf die Straße sprang. „Übertrieben, wie eben diese intellektuellen Judenkinder sind", war der Kommentar der Großmutter Rezzori dazu. Der Autor berichtet: „Minka tat sich glücklicherweise nicht viel. Sie brach sich die Hüfte und hinkte in der Folge ein wenig. In späteren Jahren, als ich so weit herangewachsen war, daß die zehn Jahre Altersunterschied zwischen uns sich ausgeglichen hatten und ich zu ihren Freunden gehörte", erinnert sich Rezzori, „sicherten wir den Abstieg über die steile Treppe zum Waschraum der ‚American Bar' in der Kärntnerpassage durch ein alpines Kletterseil, allerdings nicht nur wegen ihrer lahmen Hüfte, sondern weil ihr Gleichgewichtssinn durch zu viel Whisky gestört war. Sie bedankte sich mit kulturhistorischem Unterricht: ‚Wißt ihr überhaupt, wo ihr euch aufhaltet, ihr betrunkenen Ferkel? Das ist eines der frühen Meisterwerke moderner Architektur. Adolf Loos hat diese Bar entworfen, ein Schüler von Frank Lloyd Wright' – was nicht ganz stimmte, aber wer wollte Minka widersprechen? –, nur, damit ein halbes Hundert von besoffenen Ignoranten wie ihr in einen Raum hineingeht, in dem normalerweise nicht Platz für ein Dutzend wäre. Man nennt das auch Fortschritt."

Den Juden stand der Vater des Autors – um es milde auszudrücken – reserviert gegenüber. Übrigens die einzige Ansicht, die die Großmutter mit ihm teilte. „Die Juden handeln mit alten Kleidern, um nach

Amerika auszuwandern", erklärte der Vater einmal seinem Sohn. „Sie kamen dort an als Jossel Tuttmann und Moische Wasserstrom und machten bald genügend Dollars, um ihren Namen zu ändern. Aus Wasserstrom wurde natürlich Wondratschek, und daraus mit der Zeit ‚von Draschek', und schließlich kamen sie als ‚Freiherren von Dracheneck' nach Europa zurück und pachteten sich wenn möglich Jagden in Tirol und in der Steiermark." Eine persönliche Herausforderung für den Vater – er selbst konnte sich keine Jagd leisten. „Er glaubte somit sämtliche seiner Privilegien von den Juden usurpiert", meint Gregor von Rezzori im Buch mit dem verführerisch-verfälschten Titel „Denkwürdigkeiten eines Antisemiten". In dem Roman, der auf fünf chronologisch angeordneten Novellen basiert, legt der Autor antisemitische Vorurteile bloß.

Während der Nacht gab es ein entladendes, reinigendes Gewitter. Die Stimmung in der *casa colonica* ist wesentlich harmonischer als am Vortag. Die Hunde sind ruhiger, *Fedora* freundlicher. *Il barone* sei schon früh am Morgen mit *Enrico*, ihrem Mann, hinunter ins Tal gefahren. Um ein neues Messer für den Rasenmäher zu besorgen, erklärt *Fedora*, während sie mir Tee einschenkt.

Wenig später erscheint Grischa. „Guten Morgen, mein Lieber, ich bin gleich bei dir – nur kurz duschen." *Il barone* in einem nicht leicht zu beschreibenden Outfit: ausgelatschtes, bootartiges Schuhwerk, das er längst *Enrico* hätte vermachen sollen, Hosen, deren Ausstülpungen am Gesäß und an den Knien schon reichlich groß sind, dazu trägt Herr von Rezzori heute vormittag ein leicht verschlissenes Leiberl, das früher einmal hellblau gewesen sein muß.

Nach kurzer Zeit ist er wieder da. Ein eleganter Herr in einem prächtigen, gestreiften, wadenlangen Bademantel. „Den hat mir, als ich zuletzt in Wien war, der Schneider Knize geschenkt. Weil ich sein ältester Kunde bin. Für 65jährige Treue."

Wir sitzen im Garten, der Blick hinunter ins Tal entspricht einer

Postkarten-Idylle. Die strenge, archaische Schönheit der Toskana. Tiefblauer Himmel, die sanfte, hügelige Landschaft in verschiedenen Farbschattierungen – vom hellen Grün der Weinblätter bis hin zum glänzenden Dunkelgrün der Lorbeersträucher. Knorrige Krüppeleichen, Kastanien, üppiger Rosmarin, Zypressen, Olivenbäume ragen in den Himmel – wie auf einem Gemälde aus der Blütezeit der Malerei des Abendlandes.

„Ich habe dieses Jahrhundert praktisch durchlebt, werde in knapp zwei Jahren 80 Jahre alt“, beginnt Grischa zu erzählen. „Infolgedessen habe ich einen Überblick über den Wandel, die verschiedenen Auffassungen, die dieses Jahrhundert genommen hat, und kann darüber etwas berichten. Mein ganzes Verdienst besteht allerdings im Überlebt-Haben. Ich bin nicht nur ein Alt-Österreicher, sondern vor allem auch ein alter Mann. Ich bin Österreicher auf eine ganz spezielle Weise – zusammengesetzt aus allen möglichen Völkerschaften und nationalen ethnischen Elementen. Heutzutage wäre man ein Italiener, Ungar, Bayer. Damals war man ein Österreicher. Es war einfach ein imperialer Zustand. Ich bin ein Schriftsteller des 19. Jahrhunderts. Nicht nur in meiner Auffassung über die Literatur, sondern auch in meiner Art, wie ich sie ausübe. Ich schreibe zuerst gewissenhaft alles mit der Hand, dann tippe ich es selbst mit drei Fingern ab. Ich übe eine Art Handwerk aus, das ebenso schlecht bezahlt ist wie jedes andere Handwerk heutzutage. Schriftsteller zu sein ist an sich schon ein Anachronismus. Aber ich gehe konform mit sämtlichen Anachronismen.“

Plötzlich lacht Grischa laut auf. „Das mit der Schreibmaschine erinnert mich an eine lustige Geschichte. Ich saß spät nachts in einem eleganten Pariser Hotel - ich glaube, es war das Ritz – und schrieb. Hämmerte wieder einmal in meinem ‚Drei-Finger-System‘ in die Maschine. Plötzlich klopfte es diskret an der Tür. Vor dieser stand ein sehr soigniert wirkender Herr und stellte sich als einer von Windisch-Grätz vor. ‚Weißt’, meinte er in von Herrn zu Herrn gleich vertraulichjovialem Du, ‚ich hab' da das Klappern g'hört, von der Schreibmaschin', net wahr, und wie ich da deine Schuh' vor der Tür stehn g'sehn hab', net wahr, hab ich sofort g'wußt, das kann nur ein besserer Mensch sein, der solches Schuhwerk tragt; no, da bin ich aber verdammt neugierig worn, weil das gibt's ja normal gar net. Solche Schuh' und Schreibmaschin' schreiben, da kann was net stimmen. Unsereins kann ja auf der Dings, auf der Maschin', net schreiben. Aber nix für ungut, Servus, Servus . . .'"

Auf einmal hatten die „Letzten Tage der Menschheit" die Toskana erreicht. Hatte Gregor von Rezzori eine der Karl-Kraus-Figuren der vom Untergang gezeichneten Donaumonarchie heraufbeschworen.

Schließlich war er ja früher auch Schauspieler – hat in manchen seichten Unterhaltungsfilmchen mitgewirkt. Aber immerhin auch neben Brigitte Bardot in Louis Malles „Viva Maria".

Gregor von Rezzori, der im angelsächsischen Raum, in Italien und Frankreich als einer der bedeutenden Nachkriegsliteraten Deutschlands anerkannt wird. Ein Autor, der nicht nur für den großen Kritiker Joachim Kaiser ein „sprachlich beeindruckender Schriftsteller von Rang" ist. Ein brillanter Stilist, der die Kunst des Erzählens beherrscht. Ein schillernder Paradiesvogel der deutschsprachigen Literatur, von dem manche nur die leicht lesbaren Kurzgeschichten und die Abenteuer aus dem mehr als einmillionenmal verkauften Traumland Maghrebinien, das irgendwo an der Grenze zwischen Morgen- und Abendland gelegen sein muß, kennen wollen. Das kann wohl kein ernstzunehmender Autor sein, der einen „Idiotenführer durch die deutsche Gesellschaft" geschrieben hat, der in Fragebögen von Magazinen „Galgenhumor" als seinen Hauptcharakterzug, „Gigolo" als seinen Traumberuf, „Plattfüße" als seinen größten Fehler und „Haut auf der Milch" als das größte Unglück seines Lebens bezeichnet.

Was soll man von einem Schriftsteller halten, dessen Honorare früher stets gepfändet wurden. Schuster und Schneider, Handschuhmacher und Autosalons drängten auf Bezahlung der offenen Rechnungen. Anfang der sechziger Jahre hatte sich der schreibende Bonvivant einen Luxuswagen zum wahrlich stolzen Preis von einer dreiviertel Million Schilling angeschafft. Als ihn ein Journalist darauf ansprach und meinte, ihm würden zum Erwerb eines solchen Autos mehr als 700.000 Schilling fehlen, meinte Rezzori lachend, ihm fehlten sogar mindestens 800.000 Schilling dafür . . .

Inzwischen sind all die Geschichterln von früher, die Vorurteile, daß Rezzori nur halbseidene Anekdoten aus der Welt der Schickeria und des Zeitgeists schreiben könne, daß er nur Lust am Fabulieren habe, vergessen. Seine großen Romane werden jetzt auch in Deutschland geschätzt. „Ein Hermelin in Tschernopol", „Oedipus siegt bei Stalingrad" und vor allem „Der Tod meines Bruders Abel". Gregor von Rezzoris brillant gezeichnete Figuren werden von der Kritik mit denen von Roda Roda und Torberg verglichen, seine „reiche, glänzende, nur selten ins Rhetorische abgleitende Sprache voll Farbe und Musikalität" (Frankfurter Allgemeine Zeitung) erinnert an Joseph Roth und Elias Canetti.

Zu Wien und Österreich, dem „Nachbarland Maghrebiniens", hat der Alt-Österreicher, der Kosmopolit mit österreichischem Paß, ein ambivalentes Verhältnis. Und das war schon immer so. Im amerikanischen Magazin „Vanity Fair" bezeichnet er das Wien von 1870 bis 1938 als „Kompost einer verrotteten Welt, der zum Mistbeet kultureller Brillanz auf allen Gebieten, von der Philosophie zu den Wissenschaften, von der Musik zu den bildenden Künsten bis hinunter zum ästhetischen Design von Lehnstühlen und Salatschüsseln wurde".

„Weißt du", sinniert mein Gesprächspartner über das Lieblingsthema Österreich, das sich durch viele seiner Werke wie ein roter Faden zieht, „dieses Land hätte gerade jetzt eine große Chance. Die ursprüngliche Rolle Österreichs müßte nach den dramatischen, tiefgreifenden Entwicklungen in Europa im Jahre 1989 wiederhergestellt werden. Nach dem Untergang des Kommunismus und der deutschen Wiedervereinigung muß Wien sich seiner geographischen Position und seiner historischen Rolle bewußt werden – als Brücke zwischen Ost und West in Europa."

Mehr als 1000 Kilometer von Wien entfernt, sitzt mir ein Zeitzeuge unseres Jahrhunders gegenüber, krault die grunzenden Möpse auf der Steinbank neben ihm – und philosophiert über Vergangenheit und Zukunft der einstigen k. k. Metropole. Und über die Dinge des Lebens. Zwischen Gestern und Heute.

„Ich verkaufe das, was ich an Erfahrung auf Lager im Kopf habe. Ich greife einfach in mein verworrenes, altes Hirn hinein – und daraus erzähle ich. Immer wieder werde ich – gerade auch in allerletzter Zeit – mit der totalen Absurdität der Existenz, speziell der Groteske des Menschen als zoologische Spezies konfrontiert. Wir haben eigentlich eine ähnliche Funktion wie Mikroben, nämlich die Zerstörung des Planeten – und sind im besten Begriff, das auch zu tun. Viele Fische sind schon dermaßen vergiftet, daß sie, wenn man sie in reines Wasser setzt, sofort elend zugrunde gehen. So wie Tiefseefische einen inneren Überdruck haben müssen, um den Überdruck von außen zu ertragen, muß auch der Mensch versuchen, die Groteske unserer Zeit zu überleben. Ein probates Mittel dazu ist Ironie. Es gibt etwas gegen Dämonen – und das ist das Lachen."

Wenig später verabschiedet sich Gregor von Rezzori von mir. Lachend. „Im Herbst komm' ich dich in Wien besuchen. Laß inzwischen Nina, die Bunnies und meine haselnußbraune Göttin grüßen . . ."

Lifestyle

Lifestyle

ICH BEGEGNE IN ZUNEHMENDER HÄUFIGKEIT der Vokabel lifestyle. Offensichtlich handelt sich's um eines jener Fremdwörter, deren modische Verbreitung sich mit freiem Auge beobachten läßt wie unterm Mikroskop die Vermehrung eines Virus. Es empfiehlt sich nämlich, ein solches Auftreten mit gebührlichem Interesse zu verfolgen. Wir erhalten davon Hinweise, was im Begriff ist, sich in unserer Gesellschaft zu verändern – oder was darin sich schon verändert hat. Denn derlei Anleihen aus fremdem Sprachgebrauch nisten sich in den unseren ein, wenn der semantische Inhalt ihres – immer vorhandenen – deutschen Äquivalents nicht mehr gänzlich kongruent ist mit dem Begriff, den sie benennen. Das ist meistens dann der Fall, wenn das ursprünglich deutsch Benannte durch einen Einfluß von außen eine Veränderung erfahren hat. Etwas ist anders geworden in unserer Lebensweise, wenn wir dafür den – jetzt vermutlich präziseren – Ausdruck lifestyle setzen. Um zu erfahren, welcher Art diese Veränderung sei, muß auf das Wie und Wo des Erscheinens eines solchen sprachlichen Neuankömmlings geachtet werden. Gewöhnlich sind die Medien der ideale Nährboden für dessen Verbreitung. In der Tat taucht die Vokabel lifestyle zuerst in Fachzeitschriften für gehobene Lebensweise auf, also in Modeblättern und solchen, die dem gepflegten Wohnen, Reisen, zunehmend auch dem Essen und Trinken und mehr oder minder untergründig dem libidinösen Gebahren gewidmet sind. Lifestyle hat, wer sein Leben in einer ganz bestimmten Richtung bewußt „gestaltet" und mit der Wahl der Dinge, mit welchen er sich umgibt – sein Haus, seine Kleidung, Automarke, Lebenswegstreckengefährtin, Armbanduhr, Speisen und Getränke inbegriffen –, einen deutlich erkennbaren „Stil" zum Ausdruck bringt.

Man ist versucht, die Modelle dafür eben in den üppigen Inseraten der einschlägigen Presse aufzuspüren. Das wäre zwar nicht irrig, aber irreführend. Lifestyle hat zweifellos der Edelkonsument. Aber die Vielfältigkeit des Angebots läßt eine Vielzahl von lifestyles zu. Lifestyle hat nicht nur, wer nach dem Vorbild der Anzeigen von gewissen Luxuskonsumgütern im roten Rock auf Pferderücken über Hürden fliegt, den Sommer in der Karibik und den Winter in Sankt Moritz hinbringt und sich allerlei Duftwässer in die Achselhöhlen sprüht; sondern es hat ihn auch der gestiefelte Zigarettenraucher im Urwald mit dem dornenzerfetzten Hemd; nicht nur die übers Sofa hingegossene Salonschlange im Nerz auf der blanken Haut, sondern auch das Neckteufelchen im Minirock und Ringelstrümpfen und die blondblauäugige junge Mutter, die ihren Säugling in der frischen Windel jauchzend in die Sonne hebt. Alle diese lifestyles blühen nicht auf der gleichen gesellschaftlichen Höhenlage – will sagen, auf dem gleichen Niveau der Kaufkraft der Konsumenten. Zwar würde es ironisch wirken, spräche man vom lifestyle eines Clochards; keinerlei Anstoß wäre jedoch zu nehmen, wenn vom lifestyle der Punks die Rede ist. Der Unterschied dabei wird nicht vom sozialen Prestige gesetzt, auf das beide gleicherweise pfeifen. Entscheidend ist die soziale Einstellung. Der eine ist ein Einzelgänger, die anderen fassen sich als elitäre Gruppe auf. Im Klang der Vokabel lifestyle schwingt der Zug zum Elitären mit, allerdings nicht nach der herkömmlichen Vorstellung einer qualitativen Spitzengruppe. Lifestyle kann jedermann entwickeln, die Muster liegen nach Belieben vor. Trotz aller in der Vokabel mitklingenden Verschmocktheit hat lifestyle von der guten alten Lebensweise die prinzipielle Wertneutralität behalten. Jede Art von lifestyle, konsequent und deutlich erkennbar durchgeführt, ist an und für sich jeder anderen gleichrangig. Festzuhalten ist jedenfalls, daß sich's ums Erscheinungsbild nicht nur eines einzelnen, sondern einer Gruppe mit den gleichen erkennbaren Kriterien handelt. Wenn die Vokabel lifestyle semantisch

unüberhörbar den Zug zum Elitären verrät, so heißt das etwas Verbindliches. Ein einzelner ist keine Elite. Er kann außerordentlich sein und sich einer erlesenen Lebensweise befleißigen, endlich mit beidem Vorbild werden – heutzutage würde ihm dann die ehrende Bezeichnung eines tastemakers zuteil. Aber erst seine Jünger und Nachahmer können eine avantgardistische Gruppe bilden, die sich innerhalb der Masse ähnlich Besinnter und Gestimmter als Elite selbstversteht – wie zum Beispiel in der Masse mehr oder weniger Gleichaltriger die Punks. Das gleiche gilt für Yuppies, Jet-set-Angehörige, Wohlstandsbohemiens und so weiter, ja sogar für eine gewisse Kategorie von Spätzeitgroßbürgern, die ihre Entschlossenheit, alles darzustellen, was zu den Merkmalen eines dereinstigen Standes gehörte, bis zur Lächerlichkeit durchhalten. Erst eine solche Gruppe bildet durch die Kriterien, die sie von den anderen unterscheiden, einen lifestyle aus. Den kann dann jedermann übernehmen, ohne sich der Gruppe in anderer Weise verbindlich anzuschließen. Mit anderen Worten: Lifestyle ist wählbar. Jedermann kann sich zu seinem (der nicht nur seiner ist) entscheiden. Eingeschränkt wird seine Wahl lediglich vom allfälligen Mißverhältnis zwischen seinen finanziellen Mitteln und der Kostspieligkeit der Kriterien, die den angestrebten lifestyle ausweisen. Damit freilich verdunstet der Begriff „Elite" endgültig. Schon die Anwendbarkeit auf jegliche Art von Spitzengruppe innerhalb der Masse – das heißt: ohne aus ihr anders als durch einen anderen lifestyle hervorzuragen – hat ihn verblasen. Und eben das ist interessant. Ohne viel Widerspruch einzuheimsen, konnte ich noch vor dreißig Jahren (freilich ein Äon in unserer raschlebigen Zeit) in einem „Idiotenführer durch die deutsche Gesellschaft" behaupten, es habe trotz allem, was in der ersten Hälfte dieses Jahrhunderts geschehen ist, zumindest im Gefälle des gesellschaftlichen Prestiges bis in jene Tage sich nichts verändert am ständischen Aufbau unseres sozialen Gebildes. Ich habe es frivolerweise mit einer Schichttorte verglichen. Die Torte ist zergangen.

Geblieben sind die alten Hackordnungsimpulse. Die leben sich jetzt in der Horizontalen des ausgewalzten sozialen Teiges in einer Unzahl überaus feiner Schwingungen des gesellschaftlichen Neids und Strebens aus. Deren Frequenz und Amplituden bestimmt der Status. Auf gut deutsch: Zwar hat ein Etagenadeliger in Lumpen nicht mehr Anspruch auf höheren gesellschaftlichen Rang als den, der einem Universitätsprofessor eingeräumt ist, und dieser wird sich hüten, hochmütig auf einen reichen Schlachtmeister herabzuschauen, aber es kann geschehen, daß die Gattin des Schlachtmeisters, der einen Mercedes Diesel fährt, schlaflose Nächte hinbringt über dem zehrenden Gedanken, wie es die Gattin des Universitätsprofessors anstellt, ein Käfer-Kabriolett zu fahren. Selbst der hagestolze Adelige wird seine gesellschaftlichen Werturteile neu ausgerichtet haben. Was ihm seinerzeit der Schmiß auf der Wange des einstigen Corpsstudenten bedeutete, avisiert ihm heute die Rolex am Handgelenk des Staranwalts.

Der Status treibt die Blüte des lifestyles. Und wiewohl es einzig und allein der Status ist, der die heutige Gesellschaft differenziert, fällt der Begriff Elite nicht zwangsläufig den Spitzenverbrauchern erlesenster Konsumgüter zu. Der lifestyle kann den Status unterlaufen. Das Neckteufelchen im Minirock mit Ringelstrümpfen drängt die Salonschlange im Nerz ins lächerliche Abseits. Die Plastikarmbanduhr ersetzt die Rolex. Das fröhliche Bekenntnis zum Schund ist ebenso ein lifestyle wie die ausgelebte Lust am Erlesenen.

Partyplaudereien

MAN HAT UNS IN UNSERER KNABENZEIT viele gute Lehren auf den Lebensweg mitgegeben. Z.B.: Wie macht man's, wenn man bei einem Gala-Diner mit prominenten Gästen sein Essen ungeschoren vom üblichen Tafelgeschwätz verzehren will? Ganz einfach: Man wendet sich an die Tischnachbarin zur Linken und fragt: „Gnädigste sind verheiratet?" Die Möglichkeiten der Antwort sind zweierlei.

Entweder sie sagt nein, oder sie ist verheiratet und sagt ja. In beiden Fällen fragt man weiter: „Haben Sie Kinder?" Die Unverheiratete wird normalerweise von der Frage so betroffen sein, daß man sie für den Rest des Abendessens vom Hals hat. Die Verheiratete dagegen kann diese Frage mit ja oder nein beantworten. Hat sie keine Kinder und sagt nein, so fragt man: „Wie machen Sie das?" Hat sie Kinder und sagt ja, fragt man: „Von wem?" Beide Fragen dürften sie für die nächsten Gänge auf Unterhaltung verzichten lassen. Danach wird's freilich problematisch. Nur schwerlich entgehen wir der lästigen Verpflichtung, unsere Teilnahme an jeglicher Form von Geselligkeit durch eine Flut von seichtem Geschwätz zu erkaufen. Nicht nur beim Essen mit Leuten, die nicht zu unseren alltäglichen Tischgenossen gehören, vor allem vor und nachher, ist, wenn man nicht für einen Rüpel gehalten werden will, der Austausch von Schwachsinn unerläßlich.

Man sieht sich gezwungen, seine Meinung über japanische Feinmechanik, die Malerei der Postmoderne, die Politik Gaddafis und ähnliches abzugeben und diejenigen der Gesprächspartner darüber anzuhören, obwohl diese Themen die eigenen Interessenkreise nur sehr peripher berühren und einem die Ansicht anderer darüber völlig gleichgültig ist. Und dabei handelt es sich bereits um Gegenstände von unglaublich hohem Niveau. Der Pegel der landläufigen Unterhaltung

liegt beträchtlich tiefer. Man denke an eine Cocktailparty – heutzutage die beliebteste Form gesellschaftlichen Bemühens, Menschen zusammenzubringen, die man sich verpflichten und auf verhältnismäßig billige Weise abspeisen will. Um deren Amüsement braucht man sich nicht zu kümmern, sie schwätzen untereinander auf die angeregteste Weise. Diese angeregte Weise ist die der totalen Zersplitterung des Wortaustausches, so daß weder eine Ansicht noch eine Meinung ausgedrückt werden kann, die zu einer Stellungnahme verpflichten könnte, noch gar ein Gedanke, der das Hirn belasten würde. Es ist der sicherste Weg, Menschen miteinander reden zu lassen, die sich nichts zu sagen haben, weil sie entweder siebenmal in der Woche einander mehrmals täglich sehen oder aber so gleichgültig sind, daß sie zufrieden sind, sich alle Vierteljahre einmal zu sehen. Wichtig ist es doch jedenfalls bei einer Cocktailparty, selbst gesehen zu werden. Es gibt einen ganz spezifischen Cocktailparty-Blick.

Ein Wandern der Augen rund um die 360 Grade des Umkreises, um ähnlich wie das Warnlicht eines Leuchtturms das Panorama abzustreichen und dabei keinen der Anwesenden auszulassen – sei es, um dessen (oder deren) Aufmerksamkeit auf sich zu ziehen, sei es, um ihn oder sie zu beobachten, um etwas darüber zu sagen zu haben. Etwa über die besondere Häßlichkeit des Kleides, der Frisur oder der lächerlichen Art, wie ein Sandwich zum Mund geführt wird. Denn sieben Neuntel aller gesellschaftlichen Unterhaltung wird mit Tratsch bestritten, und zwar mit bösartigem. Jedermann bemüht sich, bis ins Allerintimste ins Leben jedes anderen einzudringen – meistens zu keinem anderen Zweck, als mit allen anderen darüber zu reden. Natürlich ist es umso amüsanter, je bösartiger einer über den anderen redet. Gelingt es aber einmal, mehr als ein halbes Dutzend Personen so zu animieren, daß sie allesamt mit dem Eindruck fortgehen, einer interessanten Einladung beigewohnt zu haben, so ist das ein Ereignis, das in die Annalen des gesellschaftlichen Betriebs eingeht.

Allerdings stellt ein solches Wunder sich dann ein, wenn irgendeine brillante Persönlichkeit die allgemeine Aufmerksamkeit auf sich zieht und den größten Teil der Unterhaltung vor andächtigen Lauschern mehr oder weniger allein bestreitet. Und dazu ist anzumerken, daß Menschen sich meistens dann am besten unterhalten, wenn sie selber reden. Zuhören ist immer eine passive und darum etwas schale Tätigkeit. Immerhin kann es aber auch sein, daß Gastgebern das Kunststück gelingt, ihre Gästeliste so zusammenzustellen, daß jeder im anderen einen halbwegs ergiebigen Gesprächspartner findet. Wenn es einmal zustande gebracht ist, den Bankdirektor mit dem Biologen und den Filmschaffenden mit dem Fußballmeister so glücklich zu kombinieren, daß sie nach erfolgtem Ideenaustausch mit dem Gefühl auseinandergehen, sich angeregt und anregend unterhalten zu haben, so wird sogleich ein Nachhall von sanftem Bedauern sie gemahnen, wieviel profunder dieser Austausch ausgefallen sein würde, wenn er ohne die Geräuschkulissen des allgemeinen Geschnatters stattgefunden hätte. Niemals ist unter mehr als vier Personen das zustande gekommen, was Goethe zu den drei großen und erlesenen Köstlichkeiten des Lebens zählt, ein Gespräch. Früher einmal haben erfahrene Gesellschaftsmenschen sich damit aus der Schlinge der Geschwätznotwendigkeit gezogen, daß sie Kartentische aufgestellt haben für Whist und Ecarté und wie die Spiele alle heißen. Warum diese Sitte nicht beibehalten worden ist, bleibt unerfindlich. Wahrscheinlich fehlt uns die Muße. In England stellt man, vor allem in Landhäusern, heute noch allerlei Scharaden und ähnliche Gesellschaftsspiele zusammen, bei denen sich aber die meisten schon außerordentlich lächerlich vorkommen.

Es soll nun keineswegs geleugnet werden, daß zu den Köstlichkeiten des Lebens auch die fröhliche Ausgelassenheit gänzlich anspruchslosen Zusammenseins gehört. Wozu auch mehr oder weniger gedankenloses Geschwätz gehört. Merkwürdigerweise kommen im

Trubel der beschränkten Geschwätzigkeit doch dann oder wann die Sternschnuppen des witzigen Worts, eines geistreichen Einfalls, einer geglückten Formulierung zum Aufleuchten. Zerstreuung hat nicht nur negative Seiten, vor allem für Menschen, die tagsüber ihr Hirn in Anspruch nehmen, wirkt sie, in der Form von zwangloser Geselligkeit genossen, sich segensreicher aus als selbst das Fernsehen. Und ist dabei jemand, der die hohe Kunst beherrscht zu blödeln, d.h. den allgemeinen Unsinn tiefsinnig zu entlarven, so ist das der reine Balsam für die graue Hirnrinde. Wenn man lachen kann, ist alles gerettet.

Sport

In der elektrischen Strassenbahn war eine Mutter mit ihrem Kind zugestiegen. Das Kind hatte einen riesigen Teewärmer aus geblümtem, wattiertem und gestepptem Chintz auf dem Kopf. Weil es ein heißer Sommertag war, fragte ich die Mutter, ob das nötig sei. „Leider ja", sagte sie bitterlich. „Der Balg hat sich zu Hause im Spiel seinen blechernen Nachttopf aufgestülpt, und zwar so fest, daß er beim besten Bemühen nicht herunterzubekommen ist. Jetzt fahren wir ins Krankenhaus. Aber mit dem Nachttopf auf dem Kopf kann ich mein Kind nicht in der Öffentlichkeit zeigen; und das einzige, worunter ich ihn verstecken konnte, war der Teewärmer."

Unerklärlich, warum mir das einfällt, wenn ich an meine sportliche Karriere denke. Die war gottlob von kurzer Dauer, wiewohl von nachhaltigen Folgen. Sie vollzog sich in den ausgehenden zwanziger Jahren, in denen ich an einer Hochschule in der Steiermark hätte Bergbau studieren sollen. Es war die hohe Zeit des Sports. Nicht der kommerzialisierten Rekordjagd des Leistungssports von heute und auch nicht der noch viel vermarkteteren Körperkultur der Bodybuilder und Gesundheitsapostel, sondern der Bestandteil einer Weltanschauung. Damals nämlich blickte man der Zukunft mit den schönsten Erwartungen entgegen. Der Menschheit war eine neue Zeit verheißen, ein Zustand endlicher Reife und Erfüllung. Von der Fron der Arbeit, zu der sie nach Ausweisung aus dem Garten Eden verdammt war, versprach die stürmisch sich entwickelnde Technik sie zu befreien. Sport gehörte zu den Gebärden des Aufbruchs in jenes goldene Zeitalter. Auch die politischen Bewegungen, die dieser Welterneuerung auf ihre Weise entgegenarbeiteten, bedienten sich der Symbolik des Sports. In riesigen Stadien formten keulenschwingende Maiden und Menschenpyramiden bauende Jünglinge die Gruppenbilder Hakenkreuz und Hammer und Sichel. Einer solchen Stimmung des Zeitgeists konnte kaum einer sich entziehen. Auch der rachitischste Sprößling des Ersten Weltkriegs fühlte die Verpflichtung, sich körperlich zu stählen.

So auch ich. Zwar waren meine Chancen, mich hervorzutun, gering. Gleichwohl war auch mir ein Augenblick sportlichen Ruhms (und damit in der Folge unsägliche Plagen) beschieden. Es begab sich nämlich, daß die Hochschule in den steirischen Bergen, an der ich meine Zeit vertrödelte, von einer anderen in den Tiroler und einer dritten in den Kärntner Alpengebieten zu einem athletischen Wettkampf herausgefordert wurde. Ein internes Rennen sollte ermitteln, ob wir's wagen durften, gegen die anderen Älpler anzutreten. Der Sportwart betrachtete mich nachdenklich und sagte: „Du bist für Mittelstrecken insofern geeignet, als du für die kurzen zu langsam und für die langen nicht ausdauernd genug bist. Immerhin kannst du eine nützliche Aufgabe erfüllen, nämlich die eines Strohmanns. Du legst den anderen ein solches Tempo vor, daß sie nach besten Kräften laufen. Natürlich geht dir schon nach dem ersten Drittel der Strecke die Puste aus, und sie rennen an dir vorbei. Das soll dich nicht bekümmern. Du hast sie um beste Leistung angespornt. Du opferst dich für die Gemeinschaft." Ich fand das ein schönes Bild. Ich war ausersehen zum tragischen Heldentum, von dem Nietzsche sagt, es sei dann am hehrsten, wenn es bewußt seinem Scheitern entgegengeht. Ich überhörte die Anzüglichkeiten der Neugierigen auf dem Sportplatz und das Kichern der Mädchen über meine dünnen Beine.

Aufrechten Hauptes trat ich an den Start und krümmte mich zum Panthersprung. Mit dem Startschuß flog ich ab. Ich flog wahrhaftig, angefeuert vom höhnischen Gejohle der Zuschauer. Ich flog hinaus über das erste und bald auch das zweite Drittel der Strecke und wartete vergeblich auf das Überholtwerden durch die anderen. Ich fürchtete, in die falsche Richtung gelaufen zu sein; aber bevor ich das ergründen

konnte, war ich durch das letzte Drittel und als Erster durchs Ziel geflogen, und irgendwer fing mich mit Schaum vor den Lippen auf. Noch als man mich vom Platz trug, zappelten meine Beine im Siegeslauf.

Man erlasse mir die Schilderung der Leiden, die folgten. Ich war eine sportliche Entdeckung und wurde dementsprechend gefördert. Über dem Training vernachlässigte ich mein Studium; ich weiß vom Bergbau soviel wie ein Karpfen. Fahrradmaschinen und Laufbändern verdanke ich meine Krampfadern, endlosen Waldläufen mein geschwächtes Herz. Tausende von Kniebeugen führten zur Anlage für Leistenbruch. Schweißkaskaden auf Saunabänken schwemmten meine Libido unwiderbringlich fort. Dabei war weder mir noch meinen Betreuern der geringste Erfolg beschieden. Mein Auftritt bei den alpenländischen Hochschulmeisterschaften hatte eine Parallele nur in dem Rennen, das der damals außerordentlich populäre deutsche Meister Dr. Otto Pletzer-Stettin gegen den finnischen Weltmeister Nurmi lief. Die beiden traten im vollbesetzten Berliner Stadion gegeneinander an. Dr. Otto Pletzer-Stettin war der Liebling der Sportbegeisterten, die Menge toste, als das Rennen losging. Jedoch das Tosen ließ merklich nach, als Nurmis Vorsprung immer größer wurde. Als der Finne den deutschen Meister beinah überrundet hatte, war es totenstill. Bis endlich eine gequälte Stimme rief: „Jrössere Schritte, Otto! und öfter!" Für mich hatte das ähnliche Erlebnis schlimme Nachwirkungen. Viele meiner üblen Charaktereigenschaften, wie die Anlage zum Neid, zur Rachsucht, zu heimtückischen Intrigen, führe ich darauf zurück. Denn selbstverständlich gab ich mich nicht zufrieden mit dem Fiasko des Mittelstreckenläufers, sondern versuchte mich fortan in vielerlei Sportarten, von denen einzig das Reiten mir in angenehmer Erinnerung geblieben ist – nicht nur, weil es im Sitzen ausgeübt werden kann, sondern weil ein dabei zersplittertes Schlüsselbein mir den deutschen Gruß so sehr erschwerte, daß ich heute als Widerstandskämpfer auftreten kann. Glückliche Zeiten setzten allerdings erst ein, nachdem ich kategorisch jeglichem Sport entsagt hatte. Natürlich komme ich nicht ohne gewisse Fitneß-Apparate aus, schon allein deshalb, weil ich, wie jeder ehemalige Sportler, der Gefahr der Verfettung ausgesetzt bin. Zwar lassen mich meine Rudermaschinen und Expander, auch ohne daß sie mir die Muskelwülste eines Schwarzenegger beschieden hätten, verbunden mit einer sorgsam überwachten Diät, im Vollgefühl der erfüllten Pflicht gegen die Gottesgabe meines Körpers leben, aber gelegentlich fällt mir doch der Hinweis von La Rochefoucault ein, es gebe keine lästigere Krankheit, als beständig um seine Gesundheit besorgt zu sein.

Indes, ich muß gestehen, daß eines mich weiterhin zum Sport hinzieht: die Kleidung. Mit ihr ist wenigstens eine der Verheißungen der Aufbruchszeit meiner Jugend erfüllt. Der Schritt vom Gummikragen zum T-Shirt, von der gestreiften Stresemann-Hose zur köstlichen Wolligkeit des Trainings-Anzugs ist ein Schritt der zivilisatorischen Entwicklung der Menschheit voraus. Ich fühle mich veredelt, wenn ich frühmorgens im Jogger-Dreß rüstig durch städtische Parkanlagen wandle, auch wenn ich mir sagen muß, daß die federleichten, flauschig wärmenden Stoffe, deren leuchtendes Rot, Gelb und Orange die Farbigkeit tibetanischer Mönchsgewänder heraufbeschwören, in meinem Fall doch nur eine Art von Teewärmer sind, den ich meinen kläglichen Bemühungen aufgesetzt habe.

Und insgeheim frißt mich der Neid auf den verewigten Baron Philippe de Rothschild, der den besten Teil seines Lebens im Bett verbracht hatte, die letzten Jahre, bis zu seinem Tod, ohne daraus aufzustehen. Viermal täglich ernährte er sich mit erlesenen Speisen, zu denen er Wein getrunken hat, den er selbst herstellte: den Château Mourson, für den ihm Künstler von Picasso bis Andy Warhol die Etiketts entworfen haben. Zugegeben, der Baron Philippe war keine sportliche Erscheinung, hatte aber andere überzeugende Qualitäten. Er übersetzte

Elisabethianische Gedichte aus dem Englischen, und es heißt, daß seine letzte, leider vor ihm verstorbene Gattin Pauline ihn damit erobert hatte, daß sie, als er ihr vorgestellt wurde, mit beglückter Miene fragte: „Monsieur de Rothschild – der Dichter?“

Astrologie

EINE BEDEUTENDE FRAU, die amerikanische Kunsthändlerin Betty Parssons, selbst Künstlerin von hohem Rang, wurde dabei angetroffen, wie sie in einer Zeitschrift nach dem Wochenhoroskop des Malers Rothko suchte, dessen Bilder sie ausstellen wollte. „Ja glauben Sie denn an das Zeug?“ wurde sie gefragt. „Ich glaube nicht daran“, sagte sie, „aber ich weiß, daß es stimmt.“ Ein halbwegs seriöses Horoskop stimmt fast immer. Was meistens nicht stimmt an den Voraussagen sind unsere Deutungen, sie verschieben die Proportionen. Wenn es heißt „Achtung, Schwierigkeiten mit der Technik und kleine häusliche Unstimmigkeit“, so brennen einem am vorausgesagten Tag der elektrische Teekessel und die Frau durch. Und die allermeisten Voraussagen sind nicht so klar. Vorsichtige Astrologen halten sie so allgemein, daß sie auf alles und nichts und jedermann und keinen passen. Das ist das Dilemma der Astrologie. Denn es ist der Mangel an Exaktheit, der sie in Verruf gebracht hat. Sie gehört zu den Arkanwissenschaften, die der Rationalismus als Humbug und Scharlatanerien abgetan hat. Weil sie nicht experimentell beweisbar ist, gilt sie nicht mehr für wissenschaftlich – eine heutzutage geradezu ehrenrührige Abwertung. Dabei ist die Astrologie die älteste Wissenschaft der Menschheit. Babylon und Ägypten wären keine Hochkulturen ohne sie. Die Bibel strotzt von mehr oder weniger verschlüsselten astrologischen Angaben. Die christliche Symbolik enthält sie wie ein Körper sein Skelett. Wer vor Leonardos sattsam bekanntem Abendmahl steht – in Mailand ist nicht mehr viel davon zu sehen, aber in der Wiener Minoriten-Kirche befindet sich eine maßgerechte Kopie in Mosaik, an der sich's besser studieren läßt als auf Ansichtspostkarten –, der wird geringen kulturellen Vorteil haben, wenn er darin lediglich das Werk eines großen Künstlers sieht. Ein Papst, der einem Maler den Auftrag gibt, das Letzte Abendmahl darzustellen, will nicht die Ansicht einer Tafel mit Essenden. Er will ein Bild der Zeitenwende. Ein Bild, das jeder lesen kann, auch der, der keine Buchstaben lesen kann. Die Wandlung bedeutet, daß eine neue Ära angebrochen ist, und jede Einzelheit in Leonardos Bild weist auf die astrologische Konstellation hin. Die wundervolle Anordnung der Figuren ist nicht allein ästhetischen Überlegungen zu verdanken. Christus in der Mitte seiner zwölf Apostel – und es ist kein Zufall, daß es zwölf sind: die Sternenbilder des Himmelskreises – ist in seiner Haltung, den ausgebreiteten Armen mit den auf die Basis der Tafel aufgelegten Händen, deutlich gezeigt als Pyramide, ein Dreieck, dessen Spitze nach oben weist und selbst ein Symbol Gottes und der Trinität ist. Die Apostel gruppieren sich in vier Dreiergruppen – die Jahreszeiten –, und jeder deutet mit irgendeinem Attribut das Sternbild an, für das er steht: den Skorpion mit einem hinter der Hand gehaltenen krummen Messer, den Wassermann, indem er einen Becher umwirft, der sich ergießt – usw., es ist ein aufregendes Spiel, an jedem sein symbolisches Merkmal zu entdecken.

Alles dies gehört zu einer Auffassung der Welt als Kosmos, den die exakten Wissenschaften uns entgöttert haben. Wer heute in den nächtlichen Himmel schaut, sieht darin nicht mehr ein ehrfurchtgebietendes Zusammenspiel der Sphären, in dem die Harmonie der göttlichen Ordnung sich offenbart – eine göttliche Ordnung, die uns und unser Schicksal einbezieht. Er sieht hinter der problematisch werdenden Verkehrsdichte von Satelliten immer fernere neu entdeckte Galaxien, die ihn zu immer neueren Revisionen bisheriger Anschauungen und somit immer weiter weg von einer endgültigen Ausdeutung des letztlich Unerforschlichen führen. Jeder Kreuzworträtsellöser weiß, daß Wallensteins Astrologe Seni hieß, und es ist bekannt, daß nicht nur Wallenstein, sondern auch alle anderen Feldherrn jener Zeiten ihre Astrologen hatten. Daß sie trotzdem nicht alle ihre Schlachten gewon-

nen haben und jenen, in denen ihnen eine Niederlage vorausgesagt war, nicht ausgewichen sind, kann verschiedene Gründe haben. Keiner davon ist der Astrologie anzukreiden. Weder die Unredlichkeit oder Undeutlichkeit der Astrologen noch der Starrsinn der Beratenen. Es heißt, man solle gegen die Ungunst seines Horoskops anleben. Bei Feldherrn kann das eine kostspielige Sache werden. Da sie aber auf Kosten anderer geht, wird sie lässig in Kauf genommen. Jedenfalls hat beinahe jeder große Mann der Geschichte mit der Astrologie zumindest kokettiert. Und wenn das heute nicht im gleichen Maß der Fall sein sollte, so mag es daran liegen, daß große Männer seltener geworden sind. Vielleicht aber auch daran, daß die Herabsetzung der Astrologie auf denjenigen abfärbt, der sich zu ihr bekennt. Ein Politiker von heute, ein Wirtschaftsführer, ein Bankier wird sich kaum erlauben dürfen, öffentlich wissen zu lassen, daß er seine Entschlüsse von den Sternen leiten läßt. Bezeichnenderweise wird das dagegen von großen Künstlern als durchaus natürlich hingenommen. Man kann die Anhänger der Astrologie typologisch einordnen. Sie haben in der Gesamtheit ihrer Ansichten Abschied vom Rationalismus genommen, neigen zu sozusagen hinter oder neben den gängigen Auffassungen herlaufenden Trends. Zu Yoga, Akupunktur und Makrobiotik, Ying und Yang usw. Die zweite Hälfte unseres Jahrhunderts steht im Zeichen des Orients. In Indien wird auch heute noch keine Heirat geschlossen, kein Kind geboren, ohne daß nicht ein Horoskop zu Rate gezogen würde. Und dabei haben die Inder von heute Bedeutsames in den exakten Wissenschaften geleistet.

Wenn Astrologie exakt betrieben wird, kann man sich auf sie verlassen. In den Pioniertagen des NWDR um die Wende 1946/47 hatte ich anläßlich der ersten großen Sendereihe über den Nationalsozialismus den Astrologen Heinrich Himmlers, einen Herrn Wolf, aufgetan. Er war sehr gegen seinen Willen zu seinem Job gekommen, von Himmler aus dem Gefängnis geholt, um mitzuhelfen bei der Befreiung des gefangengenommenen und verschleppten Mussolini, dessen Aufenthalt man nicht kannte. Wolf entledigte sich der Aufgabe so, daß er zwar exakt den Ort angab, jedoch zu spät, um wirklich nützlich zu sein. Mit diesem Beweis seiner Fähigkeiten rettete er seinen Hals und gewann Himmlers Vertrauen. Auch meines. Er saß in seinem Studio in Hamburg inmitten von Instrumenten wie der Kapitän eines Raumschiffes. Fragte man ihn etwas, so berechnete er zunächst die Gunst des Augenblicks für die Antwort auf die Frage. Ich verdanke ihm viele nützliche Hinweise in bezug auf meine Existenz, obwohl ich ihn nicht viel zu Rate ziehen konnte. Er hätte zu leicht aus meinen Sternen sehen können, daß ich nie reich genug sein würde, ihn zu bezahlen. Eines weiß ich ebenso gut wie jeder andere auch, nämlich daß die Typologie der Geburtszeichen stimmt.

Ein Stier ist in der Tat ein Stier und eine Jungfrau eine Jungfrau, wenngleich nur in den sternzeichentypischen Charakterzügen. Allerdings kenne ich eine Widder-Dame, die geradezu militant als beispielhafter Widder lebt, obwohl sich herausgestellt hat, daß sie gar kein echter Widder ist. Aber solche Ausnahmen bestätigen nur die Regel, und selbst wenn man Astrologie auf die oberflächlich laienhafte Weise halb ernst, halb unernst nimmt, ist sie immer noch ein Flirt mit den Schicksalsmächten. Und vielleicht öffnet sie diesem oder jenem doch auch die Augen für das Ehrfurchtgebietende lebender Rätsel im kosmischen Zusammenspiel. Denn daß wir Menschen darin miteinbezogen sind, sollte auch der Dümmste nicht mehr bezweifeln.

Über das Schenken

„SCHENK MIR WAS, WAS DU MIR NICHT SCHENKST“, sagte die kapriziöse Königstochter zum jungen Hirten, der um sie warb. Er ging hin, fing eine Schwalbe und drückte sie ihr in die Hand. „Sieh nach, was ich dir schenke.“ Sie öffnete die Hand, und im nächsten Augenblick war die Schwalbe entflogen. Man könnte diese Episode aus einem maghrebinischen Märchen zur Metapher fürs sogenannte Feuilletonschreiben erklären – diese Kunst des anmutig nichtssagenden literarischen Geplauders, die ebenso verfällt wie das mündlich gepflegte Salongeplappere. Für beide ist das Publikum rar geworden. Wir leben im Zeitalter der Information. Unterhaltung im Stil der „Gartenlaube“ liefert das Fernsehen ausreichend. An die Stelle von Stimmungen, vom seelischen Mitschwingen, die ein Gespräch hervorlockt, tritt Faktenvermittlung. Bitte sehr: Wir plaudern übers Schenken. Im gegenwartsnahen Hirn des Zuhörers oder Lesers – selbstverständlich auch dem der gebildeten Zuhörerin oder Leserin – entsteht automatisch der Aufriß dessen, was ihm – oder ihr – bevorsteht. Systematisch wäre das Thema aufzuteilen in:

I. Eine Psychologie des Schenkens: Welches sind die Motive des Schenkens? (Großmut, Güte, Eigenliebe, Eitelkeit, Bestechung.) Welche Nachwirkungen zieht das Schenken beim Beschenkten mit sich? (Im Positiven: Freude, glückliche Überraschung, Dankbarkeit, Liebe; im Negativen: Mißtrauen, Enttäuschung, Neid, Demütigung, Rachsucht – und so weiter.)

II. Eine Soziologie des Schenkens: Ursprünge, Symbolismus, religiöse und politische Bedeutung des Schenkens, Formwandel: Schenken im feudalen, im bürgerlichen Zeitalter, im Sozialismus.

III. Eine Sittenlehre des Schenkens: Wie schenkt oder schenkte

„man"? Was schenkte oder schenkt „man" – zu welcher Gelegenheit? (Philippinchen, Blumensprache, Besuchsmitbringsel und ich weiß nicht was noch alles.)

Das Spiel ist mühelos bis in die feinsten Verästelungen weiterzutreiben, und dabei wäre das hier aufgestellte Schema noch geradezu steinzeitlich primitiv: Es ist kaum auszudenken, welche feinmechanischen Präzisionen es annehmen würde, wenn ein Fachsoziologe es aufstellte. Der glückliche Besitzer des wissenschaftlichen Instrumentariums! Ich, indessen, bin leider bloß ein altmodischer Feuilletonist. Ich sehe meine Aufgabe, über einen bestimmten Gegenstand zu plaudern, schlichtweg als Auftrag an, Träumereien darüber auszulösen. Dabei unterlaufen mir gelegentlich auch Fakten. Aber mein eigentliches Mittel ist der Kitsch.

Der Kugelschreiber als Geigenbogen, sozusagen. Was das Thema „Geschenk" betrifft, steht einem dafür reichlich stimmungsförderndes Material zur Verfügung. Anzufangen wäre mit Schilderungen von Geschenken in der Üppigkeit von Flauberts „Salambo": Der Aufzug der Liebesgaben, zum Beispiel, die ein morgenländischer Herrscher seiner zukünftigen Geliebten entgegenschickt. Dabei könnte man in einem Vokabular schwelgen, das von Pardelfellen die erotische Beleuchtung und von den biblischen Ingredienzien Myrrhe und Narde das Weihevolle sowie von den Gesteinsarten Onyx und Porphyr die ökologische Integrität bezieht und von Rilkes „Smaragda und Rubinien und die Tela von Türkis" bis zu Else Lasker-Schüler „Meine Seele liebet ist mit mir verwebt im Teppichtibet" reicht. Zur Psychologie des Schenkens gehört der Umstand, daß die knalligsten Geschenke, von denen wir wissen, eigentlich keine Geschenke sind. Die Schlösser, welche die französischen Könige ihren Geliebten bauten, die hohen Adelstitel (mitsamt den einbegriffenen Pfründen), die von der ersten großen Elisabeth von England ebenso verliehen wurden wie von den russischen Katharinen, sind, genau besehen, Vergütungen – gleichviel, ob für regierungsförderliche Leistung oder sexuelle Pressionen (bisweilen auch für beides in einem). Immerhin gibt es dabei doch den Unterschied an Feinsinn. Es ist ein weiter Weg von dem Blumengarten, den ein Sultan über Nacht seiner Lieblingsfrau anlegen ließ, bis zur Vulgarität des immer klobigeren Diamanten, den der verewigte Richard Burton seiner ohnehin schon wie ein Bierpferd mit Klirrschmuck behangenen Gattin Elizabeth Taylor bei Auktionen ersteigerte, und den Liebesgaben, die der derzeit angeblich reichste Mann der Welt, der Waffenhändler Adnan Kashoggi, seinen jeweiligen Kurz- oder Langstreckengefährtinnen so verschwenderisch zukommen läßt, daß es einem schier den Magen umdreht (216.000 DM für eine Liebesnacht; Einkaufstour mit 50 Blankoschecks), obgleich, sage ich, diese Gegenleistungen für mehr oder minder aufrichtige Zärtlichkeiten nicht nur klotzigen Reichtum, sondern auch einen gewissen Einfallsreichtum ausweisen, der sie erträglicher erscheinen läßt, sie gehören doch im strengen Sinn nicht in unsere Liste. Ich fürchte, diese Liste der „reinen" Geschenke wäre betrüblich kurz. Selbstverständlich läßt sich daraus nicht streichen, was Menschen einander schenken, die sich lieben, weil sie bisweilen auch miteinander schlafen. Unter allen Motiven fürs Schenken ist die Liebe zweifellos das anmutigste. Und ebenso zweifellos liegt jeglichem Impuls, selbstlos und ohne Hinblick auf eine andere Reaktion als die bereitete Freude zu schenken, zumindest ein Schub Sympathie zugrunde.

Normalerweise, jedenfalls, verschenkt man nichts aus heiterem Himmel – sozusagen: aus der schieren Laune zu schenken. Zwar gibt es Menschen mit der Anlage dazu. Bei Orientalen oder auch bei Südamerikanern ist Vorsicht geboten, wenn man etwas bewundert, was ihnen gehört. Fast automatisch wird es einem geschenkt. Gewissermaßen in Klammern ist noch einzufügen, daß es als Gegenstück zu den spontanen Schenkern auch sozusagen geborene Beschenkte gibt – Menschen, die Geschenke anziehen, denen man sie williger macht als anderen. Gleicherweise gibt es auch solche, die nie oder kaum je beschenkt werden. Aschenputteltypen mit zu großem Fuß, als daß der Prinz den Schuh dafür fände.

Aber eben sie steigern den Wert eines Geschenks, wenn es einmal erfolgt, und sei es auch noch so bescheiden, wie ja auch die karge Gabe, die ein schwieriger Schenker sich abringt, mehr ins Gewicht fällt als die Großzügigkeit der Generösen. Gibt es das überhaupt, das „reine", selbstlose, aus schierer Freude am Schenken gemachte Geschenk? Ganz ohne Zweifel: ja! Zwar scheint es den weniger Bemittelten leichter zu fallen als denjenigen, welche aus dem Überfluß schenken könnten. Erstaunlich ist es, wie wenig doch die Geschenke geschätzt werden, die uns die Künstler unablässig machen. Hand aufs Herz: wäre da nicht die Predigt der Kunstgeschichte, die uns einbleut, daß wir's mit kulturellen Werten zu tun haben, und wären nicht die hochgepeitschten Preise bestimmter Objekte – wer in der Tat gäbe sich darüber Rechenschaft, daß doch eigentlich jegliche Hervorbringung künstlerischer Art ein Geschenk an die Menschheit ist, unbeschaut seines „Wertes", geboren jedenfalls aus dem selbstlosen Bedürfnis, etwas von sich zu geben, gezeugt aus einer überschwenglichen Generosität. Wahrscheinlich wissen das doch nur noch die Feuilletonisten.

Briefe

Ich sollte zu diesem Thema schweigen. Ich bin unfähig, Briefe zu schreiben. Man nennt das „blockiert". Ich leide daran wie an einer Krankheit. Mein Leben kommt dadurch in Unordnung. Auf meinem Schreibtisch türmt sich unerledigte Post. Versäumnisse wie etwa das, Briefe meines Steuerberaters unbeantwortet zu lassen, haben lawinenartig anschwellende Unannehmlichkeiten zur Folge. Freundschaften sind darüber eingeschlafen, Gönner haben sich verbittert zurückgezogen, Verwandte sich von mir losgesagt.

Die Ursache für mein Versagen kenne ich nicht. Weil es mir an psychologischer Einsicht in mich selbst fehlt, habe ich mir eine sozusagen hausgemachte Deutung zurechtgelegt. Vielleicht – so denke ich – kommt die Blockierung daher, daß mir seit meiner Kindheit vorgehalten wurde, man dürfe niemals einen Brief – nach der Anrede, versteht sich – mit der ersten Person singularis beginnen: „Lieber Franz, ich danke Dir für Deinen Brief." Das wurde mir verwiesen. Mit „ich" zu beginnen galt für präpotent, drängte die eigene Person peinlich in den Vordergrund. Ich mußte schreiben: „Lieber Franz, für Deinen Brief danke ich Dir." Aber die Umstellung schien mir den Sinn zu verändern. Zwar nicht gründlich, gewissermaßen aber im Nachhall. In der ersten Fassung danke ich für einen Brief. In der zweiten lasse ich offen, wofür ich nicht danke: „für Deinen Brief". Ich wählte den Ausweg, das Persönliche gänzlich aus dem Spiel zu lassen und zu schreiben: „Lieber Franz, danke für Deinen Brief." Aber das klang nun wieder schroff, bärbeißig, unhöflich, ja beinah grob.

Mein Leben lang habe ich an den Möglichkeiten herumgeknobelt, einfache Mitteilungen so abzufassen, daß sie in Hinsicht auf das Mitgeteilte eindeutig und mit Rücksicht auf die mimosenhaft empfindlichen Gefühle meiner Mitmenschen idiotensicher waren. Die Suche danach war mühsam und hat mir das Schreiben vergraust. Schließlich hab ich's aufgegeben.

Einer der schönsten Briefe, die mir je in die Hände gefallen sind, war in einem böhmischen Postsack aus dem 16. Jahrhundert. Er enthielt die verlorengegangene Post der Prager Judenschaft an deren Glaubensbrüder in Wien. Wie im Lichtstrahl eines Scheinwerfers ist in diesen Briefen die Situation der Gemeinde zu jener Zeit erhellt, in Menschenbildern von bezwingender Lebendigkeit. Wenige Worte zeichnen einprägsame Porträts; kurze Sätze entwerfen Schicksale. Die bewegte Welt, die für uns im Dunkel der Vergangenheit lag, lebt weiträumig auf. Briefe sind immer Zeugnisse der Epoche, in welcher sie geschrieben sind. In keinerlei anderem schriftlichen Dokument kommt der Niederschlag historischer Ereignisse so unverfälscht und der Zeitgeist so unmittelbar wieder zum Leben. Dabei handeln die Briefe aus dem böhmischen Postsack von den alltäglichen Dingen.

Es gehört zu den Binsenweisheiten des Briefschreibens, daß es die banalsten Begebenheiten sind, die einen Brief interessant machen. Gute Briefschreiber erzählen von Vorfällen und Vorgängen und schildern Tatsachen. Es gibt kaum eine köstlichere Lektüre als Flauberts Briefe aus Ägypten. Diese Fähigkeit, lebendig zu berichten, bewundere ich wie in Balzacs „Glanz und Elend der Kurtisanen" der junge Rupembré die gesellschaftliche Gewandtheit eines Mannes, der in den Salon eintritt und zu jedermanns Entzücken verkündet, er habe zu Mittag Kalbfleisch gegessen.

Auch beim Briefeschreiben ist Nüchternheit eine Tugend. Ich schreibe keine Briefe, weil ich sentimental bin. Die Person, an die ich schreibe, ist fern, und ich will ihr dadurch nah sein. Gefühlsausbrüche sind peinlich. Auch in Briefen sind sie um so wirkungsvoller, je verhaltener sie sind. Die Briefe des jungen Werther haben als Vorlage viel Schaden angerichtet. Man lasse seine Gefühle zwischen den Zeilen.

Das hat natürlich seine Ausnahme: den Liebesbrief. Liebesbriefe kann sogar ich schreiben. Da scheue ich mich nicht, mit der ersten Person singularis zu beginnen: „Geliebte Minna, ich liebe Dich." Obwohl ich es bei dieser Mitteilung bewenden lassen könnte, fülle ich Seite um Seite, Blatt um Blatt mit hohlem Schwachsinn, der den sentimentalen Inhalt des Ausgesagten wiederholt. Ich liebe Minna. Das ist wenig originell. Soviel ich weiß, ist uns ein Liebesbrief aus Babylon der Tage Hammurabis erhalten. Er ist von einem gewissen Gimil-Marduc an eine gewisse Bibbiya gerichtet, in Keilschrift eingeritzt auf eine Tontafel, die in eine Hülle aus frischerem Ton mit dem aufgeprägten Siegel des Absenders und der Anschrift der Empfängerin eingewickelt war. Schreibe ich an Minna, so kommt's mir gottlob nicht in den Sinn, die Unzahl der Liebesbriefe zu bedenken, die im Lauf der Jahrtausende auf weniger dauerhaftem Material geschrieben worden sind – auf Wachstafeln, Papyrusblättern, Pergament, Baumrinden oder mit der nackten großen Zehe in den blauen Himmel. Bedächte ich das, ich käme in Versuchung, das wenige – allerdings für Minna und mich Bedeutungsvolle –, das ich zu sagen habe, wenigstens auf möglichst neuartige, bestrickend blumige Weise auszudrücken. Minna würde mich verstoßen.

Die schönsten Liebesbriefe, die ich kenne, sind von Metternich an die Fürstin Dorothea von Lieven geschrieben. Sie enthalten keinerlei Gefühlsäußerung, außer der überzeugendsten: Ein bedeutender Mann legt der Geliebten sein tägliches Leben zu Füßen. Überhaupt kann man nichts Besseres von Literatur verlangen als dies: Zeugnis der Zeit und bedeutender Menschen in ihr zu sein. Keine andere literarische Form ist dazu so geeignet wie der Brief.

Aber die Zeiten ändern sich. Keiner schreibt heute noch gern Briefe. Wir leben im Zeitalter der Telefongespräche, bestenfalls der Postkartengrüße. Und vielleicht ist das wieder zu begrüßen. Man stelle sich die Briefe des Präsidenten Bush vor.

Ich hoffe zuversichtlich, Minna veröffentlicht die meinen nicht. Ich bin meiner Dosierung des Intimen nicht sicher.

Das ist unverzeihlich, wenn's nicht ganz und gar spielerisch ist wie in den Briefen Prousts an nahe Freunde. Oder – herzerquickender noch – in Mozarts Briefen an sein Bäsle. Wie auch immer, mir geht's mit Minna wie dem General Paulus aus dem kaiserlichen Potsdam. Der klaubte eines Nachts einen total betrunkenen Leutnant von der Straße auf, brachte ihn zu seinem Quartier, lehnte ihn an die Haustür und sagte zur Lehre: „Wenn Sie morgen aufwachen, erinnern Sie sich gefälligst daran, wer Sie heimgebracht hat. Ich bin der General Paulus." Der Leutnant schwankte ein wenig vor: „Ach, Herr General, wollte immer schon fragen: Haben Herr General eigentlich je eine Antwort auf die Briefe an die Korinther gekriegt?"

Auch ich bin ohne Antwort von Minna, und andere als Liebesbriefe kann ich nicht schreiben.

Warum nicht, siehe oben.

Tee

TEE WAR IN MEINER JUGEND das Nationalgetränk der Engländer. (Zugegeben: im Kopf-an-Kopf-Rennen mit Whiskey und Gin.) Meine Jugend fiel in eine anglophile Zeit. England war das Vorbild in Kleidung und Sitten. Das berühmteste Beispiel von Anglophilie hat ein Florentiner geboten, der sich so englisch gab, daß es ihn einmal nach London trieb, um sich dort ein für allemal mit karierten Stoffen, Tabakpfeifen, Ingwerkeks und Teesorten auszustatten. Vorsichtshalber hatte er seinen Diener mitgenommen und schickte ihn morgens aus, um nachzusehen, wie die echten Engländer sich beim bestimmten Wetter des Tages kleideten. Der Diener kam nach einer Weile zurück und meldete: „Signore, der einzige, der sich hier anzieht wie ein Engländer, sind Sie." So weit ging freilich nicht jedermann, immerhin war der Nachmittagstee (ebensowohl wie der am frühen Morgen zum Aufwachen ans Bett gebrachte) eine weitverbreitete Gewohnheit. Bevor ich noch genügend herangereift war, um in Berlin beim Fünf-Uhr-Tee auf dem Eden-Dachgarten Wange an Wange mit einer Blondine argentinischen Tango zu schieben – in den Jahren der Unschuld also –, trank ich den Tee gewöhnlich bei zwei Tanten in Wien. Sie waren Spiritistinnen und Anhängerinnen der theologischen Gesellschaft von Mrs. Annie Besant, die in Krishnamuri eine Reinkarnation des Heilands entdeckt zu haben glaubte. (Zu seinen Ehren sei gesagt, daß er sich weigerte, es zu sein.) Jedenfalls wurden meine Tanten im Wiener achten Bezirk als äußerst exzentrisch angesehen, und natürlich tranken sie jede Menge Tee, und zwar indischen, direkt aus Darjeeling. Ihnen verdanke ich so wertvolle Kenntnisse wie zum Beispiel, daß die Bezeichnung „Orange" (besser „Orange Pekoe") nichts mit Orangen und auch nichts mit deren Farbe zu tun hat, sondern vom Namen des

holländischen Herrscherhauses Oranien herkommt und soviel wie „königlich“ bedeutet. Als Meisterinnen der Teezubereitung wußten sie selbstverständlich auch, daß kurz ziehen gelassener Tee die anregenden Eigenschaften frei macht, lang ziehen gelassener die beschwichtigenden (freilich nie mehr als drei beziehungsweise fünf Minuten). Weil sich's aber um Spiritistinnen handelte, war zu diesen Teestunden häufig auch ein Geist zu Gast, und zwar ein russischer Teehändler. Er war ein Leibeigener gewesen, der von seinem Herrn und Besitzer nach Moskau geschickt worden war, um dort für ihn Geld zu verdienen. Denn ebenso wie man einen Leibeigenen mit besonders schöner Stimme ausschicken konnte, um für Geld zu singen, das er abzuliefern hatte, konnte man auch einen mit besonderem kaufmännischem Talent für sich Geld verdienen lassen. Jener ehemalige Leibeigene, der bei meinen Tanten zum Tee kam, verdiente in Moskau als Teehändler so viel Geld, daß er sich freikaufen und in die Familie der Grafen Stenbock-Fermor einheiraten konnte; daher hatten ihn meine Tanten. Natürlich trat er nicht leiblich auf, sondern machte sich durch diskretes Knacken in Möbelstücken bemerkbar, und zwar meistens nur dann, wenn mit dem Tee etwas nicht stimmte. Das Wiener Wasser – seinerzeit als „Hochquellwasser“ berühmt – war sehr hart, also für Tee nicht ideal geeignet. Es kam vor, daß meine Tante Elvira den Tee kostete und zu ihrer Schwester sagte: „Paulette, wir brauchen anderes Wasser, du hörst ja, daß mein Freund dagegen protestiert.“ (Ein Knacken in der Kommode bestätigte ihre Worte.) Für Tante Paulette bedeutete das, daß sie aus dem Haus mußte, um Selterswasser zu holen, das dann aufgekocht und vom unsichtbaren Teehändler beifällig beknackt wurde. Aber es geschah auch, bevor Tante Paulette aus der Tür war, daß Tante Elvira ihr nachrief: „Vergiß bitte nicht die Milch für den Elefanten!“

Und darum erzählte ich diese lange Geschichte: Der Elefant war aus farblosem Glas, ursprünglich bestimmt zum Behältnis eines unschuldigen Likörs, wie spiritistische Tanten ihn lieben. Als er ausgetrunken war, pflegten meine Tanten ihn mit Milch zu füllen. Denn nicht nur gab er so einen weißen Elefanten ab; er diente auch zur Aufnahme jenes Tropfens Milch, den Tante Elvira ihrem Tee zusetzte. Nichts von allen edlen Teegeschirren, die ich sehen und bewundern durfte, hat sich mir so ins Gemüt gegraben wie der weiße Elefant meiner Tante Elvira. Nichts vergeistigt mir diese Erinnerung mehr als „Orange Pekoe". Tee hat sich damit so innig in mich eingenistet, daß ich Stunden über dem Katalog eines Teehändlers vergrübeln und die Namen der angebotenen Sorten genießen kann – zum Beispiel: Assam Golden Flowery Orange Pekoe oder Darjeeling First Flush Tigerhill oder China Tarry Souchongtagsang ... gar nicht zu reden von den Schwarztees mit Aroma (China Rosentee, Black Currant Tea, Lotus Tee usw.). Für jeden dieser Geschmäcker denke ich mir das passende Geschirr aus, den Porzellan- oder Gußeisenkessel, die dicke Steingut-Tasse oder die zart mit bräunlichem Craquelé überzogene blauschimmernde chinesische Eierschale. Oder das russische Glas in seinem Silberfuß.

Und für die Milch natürlich einen weißen Elefanten.

Die Dame und ihr Hund

IN DEN ZWANZIGER UND DREISSIGER JAHREN erschien in Berlin die Mode- und Gesellschaftszeitschrift „Die Dame". Was sie aus dem deutschen Gesellschaftsleben zu berichten hatte, mutet heute so historisch fern an wie die Punischen Kriege. Selbst die Geographie hat andere Gewichtigkeitsakzente: Frau von Opel siegt beim Springerderby in Aachen. Ulla Daniel beim großen Preis von Baden-Baden. Frau von Stadnitz beim Golf in Wannsee. Ruth Landshalff bei der Premiere von Brecht und Weills „Dreigroschenoper" in Berlin. Gräfin Einsiedel mit ihrem Zwölfzylinder „Horch" beim Wettbewerb „Die Dame und ihr Auto" in Bad Homburg. Prinzessin Adelheid von Preußen mit ihrem Dackel „Strupps" bei der Veranstaltung des Garde-Kavallerie-Clubs „Die Dame und ihr Hund" in Potsdam. Sie tragen alle Bubikopf und beinah krempenlose Topfhüte, diese legendären eleganten Damen, ihre Taillen sitzen bei den Hüftgelenken, und die Röcke gehen knapp übers Knie. Was an Männern neben ihnen zu sehen ist, hat glatte Scheitel und messerscharfe Bügelfalten. Den Hintergrund bilden Parklandschaften mit mächtigen Bäumen und schloßartigen Gebäuden wie Hochzeitstorten mit üppigem Geranienwuchs auf den Terrassen. Das Wetter ist ausnahmslos strahlend. Man kann über diesen Bildern in Nostalgie versinken wie in ein Schaumbad. Allerdings in der unangenehmen Gewißheit, daß man ja daraus, bevor es kalt wird und der Schaum verschrumpelt ist, wieder heraussteigen muß. Deutschland hat sich verändert seit den letzten sechzig Jahren. An den fashionablen Duft der großen Welt, der uns aus den Bildberichten von damals entgegenweht, kommt nichts heran, was die Münchner oder Hamburger Schickeria zu bieten hätte. Bitte sehr, auch heute werden Pferderennen gelaufen, und es siegen Damen bei Dres-

sur- und anderen Prüfungen auf grünem Rasen. Es gibt sogar wieder Polo, um von Tennis bei Blau-Weiß und Rot-Weiß und Was-weiß-ich zu schweigen. Golf ist ja nun leider beinah Volkssport geworden. Immerhin, es finden Theaterpremieren statt, bei denen nicht nur abonnierte Rentner anwesend sind. Aber nicht einmal das Düsseldorf der Gabriele Henkel erschwingt eine Veranstaltung wie „Die Dame und ihr Auto", obwohl dort ganz entzückende Vintage-Kübel zu kaufen sind. Was also ist zu tun? „Die Dame und ihr . . ." ja, was? Ihr prominentester Politiker. Ihr Lieblingsfußballer. Ihr Haarkräusler, ihr Hosenschneider – Siegerin wäre in allen diesen Fällen die Fürstin von Thurn und Taxis. Das ist nicht von der Hand zu weisen. Indes, man möchte gern auch mal was anderes sehen. Ausführbar bleibt freilich auch heute noch der Wettbewerb „Die Dame und ihr Hund".

Ich will mich nicht zum Kalauer verleiten lassen, wir seien auf den Hund gekommen. Aber es läßt sich nicht leugnen, daß eine solche Veranstaltung Gefahr liefe, die Hunde in den Vorder- und die Damen in den Hintergrund treten zu lassen. Man kennt das von Hundeausstellungen her. Die Köter werden vorgeführt wie Lipizzaner. Und die Vorführerinnen, die ihnen die Schädel in die Halsung hochreißen und ermunternd unter die Ruten klopfen, damit sie sich gefällig präsentieren, haben Anlaß zu uferlosen Überlegungen, was noch unter dem Begriff „Dame" zu verstehen sei. Das wäre nicht im Sinn der Veranstalter. Wenn wir indes den Begriff „Dame" aus dem Spiel lassen und uns auf die Nebeneinanderstellung des schlechthin Femininen mit dem Kaninen beschränken, ergibt sich Gelegenheit zu lehrreichen Betrachtungen. Zum Beispiel: Welcher Frauentyp paßt zu welcher Hunderasse – beziehungsweise umgekehrt: Welcher Hund paßt zu dieser oder jener Frau? Das Modische käme dabei allerdings zu kurz. Wo sind die herrischen Epheben mit den Reihergestecken im eng um den Kopf lackierten Haar, den ellenlangen Zigarettenspitzen und knöchellangen Paillettenroben?

Bei sportlichen Anlässen, im Pullover mit Gürtel in Höhe der Leistengegend, wären es Afghanen, möglichst zwei oder drei an der Koppel. Zwar gelten diese edlen Rassen – ob berechtigt oder unberechtigt, steht dahin – für außerordentlich dumm, und es könnte sein, daß man dieses Vorurteil auf die Besitzerinnen überträgt. Doch wenn das auch keine modisch denkende Frau abhalten würde, dekorativ mit ihnen aufzutreten, wann und wo sollte sie das heutzutage tun? Im Fußballstadion? In den Hallen der großen Hotels von altem Ruf? Dort könnte es die Japaner verstören. Übrigens müßte zum Paillettenkleid ein Plastikhandschuh kommen, Hundehalter sind verpflichtet, das aufzusammeln, was ihre Lieblinge auf Gehsteigen verrichten, vermutlich wird das auch in einer heutigen Großhotelhalle vom Gast erwartet.

Sehen wir also vom sogenannten Fashionablen ab. Es kann nicht bestritten werden, daß jede Frau sozusagen einen Idealhund hat, der nicht nur zu ihrem Aussehen, ihrer Linie, ihrem Auftreten, sondern auch zu ihrem Charakter paßt wie kein anderer. Ihre Majestät die Königin von England zeigt einen exquisiten Geschmack, indem sie die kurzbeinigen Corgies zu ihren ständigen Begleitern macht. Es heißt zudem, sie seien launisch bis zur Bösartigkeit. Die pensionierte Mrs. Thatcher mit einem scharfen Hund wäre ein Pleonasmus, ein zierlicher dagegen wie etwa ein Pekinese oder ein Zwergspitz könnte weichherzige Züge verraten, die nicht mit dem Image der Eisernen Lady zu vereinbaren sind. Man sagt ja dem Eisernen Kanzler Bismarck nach, daß er eigentlich Möpse liebte, sich's aber nicht erlauben durfte, diese Schwäche herzuzeigen. Die zur Deutschen avancierte Dänische Dogge entsprach eher dem Bilde, das der wilhelminische Spießbürger vom Fürsten Otto im Herzen trug. Man muß also auch Mrs. Thatcher guten Geschmack zugestehen. Sie ist dem Dilemma aus dem Weg gegangen und hat als Hund gar keinen Hund gewählt. Ein tapferer Schritt in einer Nation, in der die Hundeliebe innigst mit der Vaterlandsliebe verbunden ist.

Von einer gut organisierten Schau „Die Dame und ihr Hund“ könnten nicht nur Soziologen, Psychologen und Kynologen zu Studien mit interessanten Ergebnissen angeregt werden. Auch Astrologen müßten sich zur Erforschung der Beziehungen zwischen Sternbild und Hundetypus herausgefordert fühlen. Die Möglichkeit einer versichernden kosmischen Rückfrage bei Eheschließungen, Kinderzeugungen, Geschäftsabschlüssen und ähnlichen Entscheidungen, wie sie ja in Indien gang und gäbe ist und auch von so bedeutenden Persönlichkeiten wie Mr. und Mrs. Ronald Reagan gewohnheitsmäßig ausgenützt wurde, wäre damit um ein wertvolles Hundeworkshop bereichert. Ästheten und Esoteriker könnten sich anschließen und den jeweils der Persönlichkeit zugeordneten Edelstein mit dem Hund abstimmen, zum Beispiel Aquamarin und Neufundländer oder Beryll und Dobermann. Das Feld ist weit.

Prinzessin Adelheid von Preußen und ihr Dackel „Strupps“ sind eine Erfindung von mir. Weder sie noch er ist historisch, keinesfalls im Kombinat ihrer Zweisamkeit.

Sind mir beim Blättern in alten Heften der „Dame“ eingefallen, nämlich als eine Lücke dortselbst. Sie fehlten mir bei den vielen fashionablen Veranstaltungen, die den Tagesablauf der eleganten Damen von dazumal vor Augen stellten. Was ich daran vermißte, war die Charakteristik der dargestellten Persönlichkeiten. Zugegeben: Frau von Opel auf einem Pferderücken über eine Hürde fliegend zeigt unzweideutig Energie, Mut, Zielbewußtsein. Wie aber war sie als Gattin und Mutter?

Ein siegreiches Rennpferd mit Kranz, Kokarde und blauem Band am Halfter vor die Tribüne zu führen erfordert keine besonderen geistigen und charakterlichen Eigenschaften, ich weiß also von Ulla Daniel nichts.

Auch Frau von Stadnitz, in katatonischer Verzerrung einen Golfstock schräg über ihren betopften Kopf schwingend, verrät mir nicht ihr Verhalten als Freundin, als Geliebte. Gar erst die Gräfin Einsiedel an ihrem Zwölfzylinder „Horch". Sie lehnt daran so locker wie die abertausend Mannequins an den physiognomielosen Autos in den Glanzdruckanzeigen von heute. Soll ich glauben, daß auch sie sich bis auf den Schlüpfer ausgezogen haben könnte, wenn Helmut Newton sie hätte photographieren wollen? Ihre Damenhaftigkeit verneint das. War sie aber nichts als Dame, auch wochentags alle vierundzwanzig Stunden lang? Prinzessin Adelheid von Preußen dagegen sagt alles über sich aus. Ihr Dolmetscher ist dabei der Dackel „Strupps". Schon daß er ein Dackel ist, also ein süddeutscher, unpreußischer Hund, bezeugt einen unabhängigen Geist. Sie ist dabei keineswegs ein Blaustrumpf, denn ein Dackel ist ein quirliges Tier, verlangt viel Bewegung an der frischen Luft und lenkt überhaupt die Aufmerksamkeit zu sehr auf sich, den Dackel, um seiner Herrin zu gestatten, die Aufmerksamkeit zu sehr auf sich, die Herrin, zu lenken. Prinzessin Adelheid ist kein Kind mehr, sie ist eine voll erblühte Dame, aber wiewohl unverehelicht, doch keine sogenannte „spinster" im Tweedkostüm. Sie hätte nämlich dann keinen Dackel, sondern einen Cockerspaniel. Auch der dereinst so weit verbreiteten Leidenschaft für Pferde frönt sie nicht. Dackel irritieren Pferde, und Pferde hassen Dackel. Sie würde also eher mit einem Dalmatiner oder einem glatthaarigen Foxterrier auftreten. Vielleicht huldigt die Prinzessin gar dem Waidwerk. Das ließe tiefen Einblick in ihr Seelenleben zu: Leserin von Hermann Löns und Friedrich von Gagern. Ich sehe sie nach langer Pirsch heißwangig im Heidekraut. Bockbrunft und Birkhahnbalz und so weiter. Und dabei immer Dame. Der Dackel wacht über das Maß an statthafter Zudringlichkeit.

Glücklicherweise ist aber auch die Jagd nicht gänzlich persönlichkeitsverschlingende Passion. Sonst wäre der Dackel ein Stichelhaarrüde. Ein deutscher Schäferhund würde in jenen Tagen eine fatale Neigung zu nationalistischer Volksverbundenheit verraten haben, als vollarischer Schrebergartenhund sozusagen. Nein, nein, es mußte schon ein Dackel sein, der uns das liebenswerte, tiefsinnige, ausgeglichene und heiter zuversichtliche Wesen der Prinzessin Adelheid vermittelt. Warum nicht ein Mops? Um Himmels willen! Man denke an die Möpsin „Fortunée“ der ersten Gattin Napoleons, Josephine Beauharnais. Sie hat den Kaiser ins Bein gebissen. In der Hochzeitsnacht. Durfte eine pflicht- und schlichtheitsbewußte Preußenprinzessin sich ein so kapriziöses Geschöpf als Lebenswegstreckengefährten leisten? Oder einen Boxer? Er wäre zu aggressiv. Man hört Wadenbeine splittern. Ein Dackel spricht für Warmherzigkeit, Häuslichkeit (wenn's geht, mit Garten). Ein Dackel ist der Hund des süßen Mädels von nebenan – sprich: aus der nächsten Nachbarschaft. Und dabei Prinzessin! Von Preußen, noch dazu!

Ich kann mich nicht genugtun an Begeisterung für Adelheid und Strupps. Ginge es nach mir, sie würde den Wettbewerb „Die Dame und ihr Hund“ um eine ganze Dackellänge gewonnen haben.

Monogramme

KAUM HATTE ICH DAS PATRIARCHALISCHE ALTER von fünfundsiebzig Lebensjahren erreicht, als meine nächste Angehörige (dritte und mutmaßlich endgültige Ehefrau) mir mitteilte, sie wolle mir zum Geburtstag ein Paar samtene Hauspantoffel mit aufgesticktem Monogramm schenken. Die Symbolik war offenkundig; trotzdem nahm ich das Versprechen dankbar an. Ein solches Paar Pantoffeln im Haus zu tragen gilt als schick. Da ich mich gerade in London befand, begab ich mich zum Schuster Lobb, bekanntlich einer der feinsten und teuersten seines Fachs. Es war nicht der Schuster Lobb persönlich, der meine Bestellung entgegennahm, sondern einer seiner meisterlichen Gesellen in einer blauen Schürze. Er stellte meinen (in Voraussicht auf den Vorgang frisch besockten) Fuß auf ein Blatt Papier und zeichnete mit einem peinlich kitzelnden Bleistift dessen Umriß nach. Der sah aus wie die graphische Vereinfachung einer Kartoffel der Sorte „Ackersegen". Sodann begann der Lobb-Geselle mittels eines Meßbandes mit der für mich Kontinentalen unverständlichen Skala in Inches, Yards und Meilen an Zehen und Ballen, kreuz und quer über Rist und Haken, überflüssigerweise (wie mir scheinen wollte) auch um Knöchel und Waden allerhand Messungen vorzunehmen. Wiewohl der junge Mann durch seine Handwerkerschürze unzweideutig den unteren Gesellschaftsschichten zugeordnet war, plauderte er zwischendurch mit mir auf zwanglos herrenhafte Weise, als gehörten wir beide demselben Garderegiment Ihrer Majestät der Königin von Großbritannien an. Über den Charakter meiner Füße äußerte er sich mit einem kaum unterdrückten Kichern als „verblüffend entenähnlich, Sir". Danach holte er von der Wand die gerahmt dort hängenden Vorlagen fürs Monogramm und legte sie mir auf die Knie. Es waren allerlei Initialen in byzantinischen, barocken und jugendstilistischen Schriftzügen, arabesk ineinandergehakt, ausgeführt in eitel Goldfaden auf dunklem Samt. Als ich nach einigem Zögern und Schwanken meine Wahl getroffen hatte, nahm der smarte Geselle den Rahmen von meinen Knien weg, um ihn wieder auf die Wand zu hängen; und ich schaute wieder auf meine Knie und fand sie bedeckt von Staub und Spinnweben wie eine aus dem tiefsten Keller geholte edle Weinflasche. Das letzte Paar Samtpantoffeln mit aufgesticktem Monogramm mußte beim Schuster Lobb um das Jahr 1904 bestellt worden sein. Solcherlei Erlebnisse stimmen den Menschen nachdenklich. Wie kommt es, mußte ich grübeln, daß Monogramme außer Gebrauch zu kommen scheinen? Zu meinen Zeiten war das anders. Nicht nur Verliebte schnitten ihre Initialen gern in alle Rinden ein, man fand sie zu Monogrammen verschlungen überall und allenthalben: auf Tischbestecken, Bett- und Taschentüchern, Petschaften und Oberhemden, Briefpapierköpfen, Exlibris, Tabatieren, sogar im Lederschweißband in der Innenseite von Hüten.

Sie waren das Siegel der Persönlichkeit des einzelnen, ein Dokument seines Selbstbewußtseins, sein Zeichen für Besitz und somit ein Bekenntnis der Zugehörigkeit zur Welt der Bourgeoisie. Monogramme waren die Verbürgerlichung der Wappen, mit denen der Adel die Dinge seines Besitzes und Gebrauchs auszeichnete. Verbürgerlicht waren sie individualisiert, nicht mehr die Zeichen für große Namen, Familien, Geschlechter, sondern für Einzelpersonen, das jeweilige Ich. Das machte Monogramme populär. Man fand sie eingraviert in Gold und Silber, gestickt und aufgenäht, in Blech gestanzt und mit der Laubsäge ausgeschnitten. Der Spießer trug sein Monogramm im Siegelring und kritzelte seine Initialen in die Wände von Aussichtswarten und Bedürfnisanstalten. Die Sucht, sich in einer Chiffre zu verewigen, artete zur Plage aus. Ein Mann namens Kieselack schrieb seinen vollen Namen an jeden Ort, der ihn weithin sichtbar machte, auf Bergwände,

über den Rheinfall von Schaffhausen. Weil er damit zum öffentlichen Ärgernis wurde, befahl ihn Seine Apostolische Majestät, weiland der Kaiser Franz Joseph, zu sich und redete ihm väterlich zu, seine Besessenheit zu zügeln. Die Güte des Monarchen bewegte Kieselack so tief, daß er sich vor die kaiserlichen Füße warf und schluchzend Besserung versprach. Als er gegangen war, begab sich der Kaiser an den Schreibtisch und fand quer darüber hingeschrieben „Kieselack".

Einiges ist in der Welt geschehen seit jenen Tagen des militanten Individualismus, der sich so zwanghaft manifestieren mußte. Niemand scheint das Bedürfnis nach schriftlicher Verewigung in zeichenhaft zusammengedrängter Form zu verspüren. Wer grüb' es noch mit verschlungenen Initialen in jeden Kieselstein, daß er Nachbars Lieschen liebt? Selbst graphomanische Jugendliche, wenn sie ihre Gefühle mit Sprühdosen Hauswänden anvertrauen, bleiben anonym, beschränken sich auf Slogans wie „Ami go home" oder „Make love, not war" und tragen auf ihren T-Shirts nicht das eigene Monogramm aufgedruckt, sondern das von Batman. Unser Verhältnis zum besitzanzeigenden Siegel ist auf den Kopf gestellt. Wir prägen nicht mehr den Dingen um uns die Chiffren unseres Eigenwertgefühls auf, sondern lassen es von chiffrierten Dingen prägen. Wir tragen nicht mehr unser eigenes Monogramm im Oberhemd, sondern das von dessen Hersteller. Die Monogramme der Produzenten weisen uns in unserer Qualität als Wähler von Markenartikeln aus. Auch das ist nicht ganz neu. Schon zu Zeiten, als meine Unterwäsche neben meinem Monogramm die Zöglingsnummer der Besserungsanstalten trug, in die ich erfolglos eingewiesen worden war, konnte ich beobachten, wie Gäste an der Tafel mehr oder minder unauffällig die Teller umdrehten, um die Porzellanmarke zu studieren. Noch indiskretere scheuten nicht davor zurück, das Tafelsilber nach der Feingehaltspunze abzusuchen.

Später im Leben blieb mir nicht die Demütigung erspart, daß einer meiner Gäste, der weltläufig wußte, in feinen Häusern stamme das

Eßbesteck aus der Mitgift der Hausfrau, sich über eine Gabel neigte und ehrfürchtig sagte: „Die Frau Gemahlin ist eine geborene Astoria Hotel?“ Es handelte sich um Geschirr, das ich auf dem Flohmarkt erstanden hatte. Als Mensch, der mit seiner Zeit geht, errötete ich darüber nicht. Astoria ist ein stolzer Name für ein Hotel, selbst wenn sich's nicht ums Waldorf-Astoria in New York handelt, sondern um die Herberge gleichen Namens in Bückeburg. Und die Hausfrau, die eine Gabel dieser Herkunft mit damenhaft abgespreiztem kleinem Finger an die Revlon-vertieften Lippen führt, darf das mit dem gleichen Gefühl gehobenen lifestyles tun, mit welchem sie das Halstuch mit der Chiffre H für Hermes um ihren Nacken schlingt. Wir brauchen uns nicht zu schämen, daß wir als Kronzeugen edler Markenartikel durch den Alltag schreiten. Wir werden überschwemmt von einer solchen Flut der Angebote von Konsumartikeln, daß wir unser Ich-Bewußtsein nur retten können durch unsere Wahl der Gegenstände daraus. Der einzelne geht auf in der Allgemeinheit. Es liegt eine tiefe Symbolik in den Overalls der Autorennfahrer. Diese Männer, deren Existenz ganz der Geschwindigkeit geweiht ist – dem sprechendsten Ausdruck unserer Zeit –, sind von Kopf bis Fuß bekleistert mit Chiffren und Marken. Es sind gewissermaßen Tarnanzüge im Dschungel der Konsumgesellschaft, und sie werden getragen von den Helden unserer Zeit. Vorüber sind die Zeiten, in denen die berühmte Frau Pollak, die immer Schwierigkeiten mit Fremdwörtern hatte, voll Stolz erzählen konnte, sie habe über der Haustür ihre und ihres Gatten verschlungene Genitalien angebracht. Sie meinte natürlich Initialen, und es ist nicht zu bezweifeln, daß sich daraus anmutige Monogramme schlingen lassen. Wer aber möchte sich noch der Gefahr aussetzen, daß er gefragt wird: „Ist das eine neue Genußmittel-Marke?“

Wie man sich Ländern nähert

Wie man sich Ländern nähert

VOR UNGEZÄHLTEN JAHREN bin ich zum erstenmal nach Rom gefahren. Ich war knapp neunzehn, und die Ewige Stadt war noch ein Tummelplatz für Spaziergänger und Pferdedroschken; die Heidengötter an den Brunnen und Portalen von Kardinalspalästen ließen ihre Muskeln über den Sonnenschirmen flanierender Damen spielen; wenig von den Überresten der Antike war gänzlich freigelegt und museal für Gruppenführungen hergerichtet, man erging sich zwischen Ruinen, die noch etwas von der efeuüberwucherten Romantik Piranesis bewahrten, zu Sankt Peter war keine Prachtstraße häßlich aufgerissen, man wanderte durch winkelige Gassen voll farbigen Lebens und stand plötzlich vor dem offenen Rund des Petersplatzes, stürzte, taumelte hinein in dessen überwältigende Weite und in radialen perspektivischen Fluchten dem ägyptischen Obelisken in der Mitte und dahinter der Kuppel über der Mutter aller Christenkirchen zu. Alles das wußte ich, kannte es von Photographien, Illustrationen, Ansichtskarten, und ich konnte es kaum erwarten, mich darin zu befinden und greifbar wirklich zu erfahren, was bislang abstraktes Erleben gewesen war. In Rom angekommen, habe ich mich zum Hotel bringen lassen und den ganzen ersten Tag im Zimmer hingebracht, nichts anderes tuend als römische Luft zu atmen, römisches Licht zu schauen, wie es in schrägen honigfarbenen Streifen durch die niedergelassenen Jalousien fiel und über die Fliesen wanderte, römische Geräusche von der Straße heauftönen zu hören und – endlich! – in Rom zu sein.

Ich habe das gänzlich instinktiv getan. Damals war noch nicht die Rede vom Unterschied zwischen Reisen und Tourismus. Selbst wer seine Reise in allen Phasen und Stationen vorbereitet hatte, die Fahrkarten in der Tasche, die Hotelzimmer im voraus reserviert, die

Besichtigung in Stundenplänen aufgezeichnet, gab noch nichts vom Abenteuer des Reisens verloren. Daß es im Tourismus kaum noch zu erleben ist, liegt nicht an der Fahrplanmäßigkeit des Reiseablaufs, eher am Herdendasein in der Gruppe, mit dem zwar auch nicht alles Risiko ausgeschaltet, aber die Verantwortung der Reiseleitung überlassen ist und in einer wohligen Wiederkäuer-Hingegebenheit das Erlebte als verwaltete kollektive Erfahrung den Wert des Persönlichen einbüßt. Doch auch das mag hingehen. Der Verlust ergibt sich aus dem Mißverständnis, was das Eigentliche, Wesentliche der Städte und Länder, die wir besuchen, ist und wie es zu erfahren sei. Kaum ein Verständiger wird glauben, daß es möglich sei, das Wesentliche Roms – oder das von Paris oder irgendeinem anderen Ort, wenn möglich das von ganz Afrika – in einer Reisetour von acht Tagen in sich aufzunehmen, selbst wenn ein randvolles Pensum an Sehenswertem und Erlebenswürdigem absolviert wird und die Engelsburg und Forum und Colosseum, die Via Appia und die Via Veneto, auf und ab die vatikanischen Museen und ein halbes Dutzend „charakteristischer" Trattorien besucht und besichtigt sind – oder der Eiffelturm und die Champs-Élysées, das „Deux Magots", der Louvre, die Place Pigalle, die Bateaux Mouches und der Dôme des Invalides; oder aber die Massai Mara mit Elefanten, Giraffen, Zebras, Nashörnern und Warzenschweinen, Tanzvorführungen von Eingeborenen mit Plastikstiften in den Nasen und das Spielcasino von Nairobi. Und doch gibt es für die meisten von uns keine bessere Möglichkeit, zeitlich und finanziell ökonomisch das Höchstmaß an Spektakulärem und Interessantem aufzunehmen – nicht nur im flüchtigen Eindruck des Geschauten, sondern gleich auch mit der photographischen Verewigungsmaschine. Indes gilt dabei eine alte Erfahrung, die Edgar Allan Poe sehr anschaulich beschrieben hat. Er sagt: Schaut man auf zu einem Stern, so sieht man ihn nicht eigentlich, er hinterläßt kein Bild; schaut man aber an ihm vorbei, so prägt er sich am Rand des Blickfelds unvergeßlich ein.

Ich bilde mir ein, daß ich vom Wesen Roms an jenem ersten Tag im Hotelzimmer so viel in mich aufgenommen habe, um alles in späteren Aufenthalten und schließlich in meinem jahrelangen Leben dort Erfahrene nur noch als Zusätzliches, nicht mehr Essentielles hinzunehmen. Das mag falsch sein, und ich bin auch nicht imstande zu sagen, worin das Eigentliche, das Wesentliche und Essentielle Roms oder irgendeiner Stadt oder eines Landes besteht. Städte und Länder sind Lebewesen, und die Begegnung mit ihnen verhält sich wie die mit Menschen: ihre Individualität – wenn man es so nennen darf – teilt sich unmittelbar mit, auf den ersten Blick. Natürlich weiß man damit längst nicht alles von ihnen. Aber das „Ich", das einmalige, unverwechselbare Geschöpf in seiner spezifischen Art des Seins ist bereits offenbart. Was nun hinzukommt, kann die Kenntnis vertiefen – oder aber das Eigentliche verdecken.

Es ist ein alter Hut, all denen, die zu fernen Ländern und fremden Städten streben, den Rat zu geben, sie mögen sich – und damit dem, was sie sehen und erleben wollen – Muße geben, weniger besichtigen und dafür mehr betrachten, eher die Menschen beobachten als die Dinge bestaunen – und so weiter. Gleicherweise ist es nicht neu, daß eine Reise intensiver erlebt wird, wenn sie sich als Abenteuer herausstellt. Das muß nicht in Gefahr bestehen. Nach der landläufigen Auffassung ist das gängigste – und willkommenste – Abenteuer eine erotische Begegnung. Wieweit selbst eine solche an Reiz verliert, wenn sie organisiert ist, kann ich nicht sagen, ich habe auch Bangkok vor der großen Touristenwelle besucht. Aber die Frau eines Bekannten hat daran Anstoß genommen. Sie ist Chefstewardeß einer großen Fluglinie, so schön und makellos, wie man das für eine solche Stellung sein muß, und sie wollte sich ein paar Tage Ferien gönnen, allein und abgeschieden, weit abseits von den Reiserouten des Massentourismus. Nach sorgfältiger Auslese fiel ihre Wahl auf ein nagelneues Luxushotel auf einer palmenüberfächelten Antipodeninsel. Als sie dort ankam, perfekt wie aus dem Inseratenteil einer Modezeitschrift gestiegen, empfing sie der exotische Hoteldirektor händereibend und schlitzäugig lächelnd mit den Worten: „Du Reisegesellschaft – du bumsen?“ Sie war nicht erheitert.

Die ideale Ausgangssituation für eine Reise ist die, daß in ihrem Verlauf alles geschehen kann, daß alles erwartet und nichts vorhersehbar ist. Es hat für mich nichts Abenteuerlicheres gegeben, als anzukommen in einer unbekannten Stadt in einem fremden Land und es darauf ankommen zu lassen, ob ich sie am nächsten Tag verlassen oder für unberechenbare Zeit, vielleicht für immer, dortbleiben würde. Die wahre Reise ist immer eine Reise ins Blaue. Denn jede Reise, die nicht bloß ein Ortswechsel von einem Hilton-Hotel ins andere sein will, von einem Museum, einem Schauplatz, einer Veranstaltung zu ähnlichen anderen, ist eine Reise ins eigene Ich. Es gibt einen Typus von emsigen Reisenden, der vor dem Antritt der Fahrten jedes Buch über das Reiseziel studiert, alles Wissenswerte zusammenträgt, nichts an Besichtigungen ausläßt und über alles ein Tagebuch führt – der Bildungsreisende mit einem Wort. Ich kann mir nichts Verstaubteres vorstellen. Ins Extrem getrieben, wird das freilich äußerst raffiniert. Das Modell dafür ist der Herzog von des Esseintes in Huysmans „Gegen den Strich“. Er richtet sich ein Zimmer als Schiffskabine ein, füllt es mit der Lektüre über alle Länder und Städte der Erde und verbringt dort, umweht von eingesprühter Seeluft oder dem Vanilleduft tropischer Gestade, lesend und Bilder betrachtend die Stunden, in denen er zum Reisen aufgelegt ist.

Kosmopolit

Was ist ein Kosmopolit? Im eigentlichen Wortsinn einer, der in vielen Städten und allerlei Stätten in der Welt zu Hause ist. Ein Nomade im Bereich der Zivilisation. Er treibt nicht seine Herde von einer Weide zur anderen, schlägt unterwegs sein Zelt auf und bricht es wieder ab bis zum nächsten Aufenthalt im Niemandsland, sondern – zum Unterschied von diesem archaischen Vorläufer vertraut er auf die Gastfreundschaft der Ansässigen, die er aufsucht. Das war zu Marco Polos Zeiten noch außergewöhnlich. Heute ist es kaum noch bemerkenswert. Der Tourist, so viel und so weit er auch herumkommt, ist noch lang kein Kosmopolit.

Den Kosmopoliten umgibt bekanntlich der Duft der weiten Welt. Er trägt die Gloriole unzähliger Sonnenauf- und -untergänge über tropischen, subtropischen und arktischen Horizonten gewissermaßen als Nimbus um sein wettergegerbtes Haupt. Ähnlich umgibt den gepflegten Scheitel des Kosmopoliten der Glanz der Kronleuchter internationaler Hotelhallen und Barock-Appliquen in den Boudoirs der High-Society. So jedenfalls stellt sich ihn der kleine Moritz vor. Der kleine Moritz ist ein Knabe mit verzögerter Entwicklung. Man kann nicht müde werden, ihm zu erklären, daß die Zeit vergeht und die Dinge sich verändern. Sowohl die Welt wie auch die High-Society haben sich verändert, seit unser Jahrhundert jung war. Damals hat man mit Bewunderung und sachtem Neid von „Globetrotters“ gesprochen. Nicht nur die Steppen, Urwälder und Wüsten, sondern auch die Salons der Großen Welt standen ihnen offen. Phileas Fogg, der auf Grund einer Wette den Globus in achtzig Tagen umfuhr, gehörte dem exklusivsten Londoner Club an. Heute kann man die Welt in weniger als zwölf Stunden umreisen, und wer sich das zunutze macht, sind nicht exzen-

trische Weltenbummler, sondern zum allergrößten Teil Geschäftsleute, die Abschlüssen zustreben. Sie sind es auch, die am häufigsten in den Hallen internationaler Hotels mit den glitzernden Kronleuchtern anzutreffen sind. Im Grunde aber sind sie Handlungsreisende. Als ich noch wie der kleine Moritz Jules Verne las, war es wenig schmückend, ein „Commis voyageur" genannt zu werden. Die damalige High-Society oder Große Welt würde ihm nicht ihre Salons geöffnet haben. Wer oder was ist also gemeint, wenn man heute noch jemanden mit Bewunderung und sachtem Neid Kosmopolit nennt?

Ich nehme an, es versteckt sich dahinter der naive Snobismus, der fein zerstäubt unsere Vorstellungen von der Welt poetisiert. Der kleine Moritz als Epochenverschlepper. Man weiß zwar, daß reisen und in internationalen Hotels absteigen, in Luxusrestaurants essen und Krethi und Plethi kennenlernen kein Privileg von kulturell Auserlesenen ist, erst recht nicht Angehörigen sogenannter höherer Gesellschaftsklassen vorbehalten, sondern daß eben Krethi und Plethi sich das leisten kann. Man weiß, daß die High-Society oder Große Welt zusammengeschrumpft ist auf eine Handvoll Neurotiker, die als sogenannter Jet-set mit den Handlungsreisenden um die Wette rund um den Globus sausen. Aber es fällt dem kleinen Moritz offenbar doch schwer, auf das liebe alte Bild der Welt zu verzichten, in der es noch die Große Welt intakt gegeben hat. Das ist eine romantische Vorstellung, die das Odium des gesellschaftlichen Strebertums entkräftet, ja ihm geradezu Frischluft zuführt: der Snob wird durch den Duft der weiten Welt in die soziale Stratosphäre getragen.

Die Große Welt, die High-Society, ist uns keineswegs verschlossen. Ungezählte Fachzeitschriften haben sich's zur noblen Aufgabe gemacht, ihre Häuser, ihre Gärten, ihr Leben und ihren Personalstand genau bis in die allerkleinsten Einzelheiten aufzuzeichnen und zu publizieren. Meine Putzfrau ist über die Vorgänge am Fürstenhof zu Monaco besser informiert, als ich's über meine eigene Familie bin.

Man wird begreifen, warum ich irritiert zurückzucke, wenn man mich einen Kosmopoliten nennt.

Diesen Ruf habe ich mir ebenso unverdient zugezogen wie manchen anderen, der mein schillerndes Image in den Augen der Öffentlichkeit umflort (zum Beispiel auch den des Frauenverführers; oder, leider ebenso unberechtigt, den des Großverdieners). Was das Kosmopolitische angeht, so verdanke ich die Zuordnung dazu dem einfachen Umstand, daß ich in der fernen Bukowina geboren bin, einer ehemaligen Provinz der k.u.k. Monarchie, in der sechs Sprachen (schlecht) gesprochen werden. Mein weiterer Lebenslauf ist bald erzählt: aufgewachsen in Wien, in Berlin zum Mann herangereift, in Hamburg mehrfach Vater geworden, in Paris die hohe Schule des gesellschaftlichen Lebens ohne menschliche Kontakte absolviert, in Rom das Geheimnis der abstrakten Existenz erforscht . . . aber das wird verblassen. Um es kurz zu machen: ich kenne einen Haufen Orte und verbringe meine letzten Tage zwischen der Toscana und New York. Ich wollte, dieses Hin und Her hätte einen praktischen Sinn gehabt wie das der Handlungsreisenden. Leider war das nicht der Fall. Es hat sich so ergeben. Natürlich weiß ich mehr von der Welt als ich wüßte, wenn ich in Czernowitz in der Bukowina geblieben wäre. Ob es wertvoller ausgefallen sein würde, läßt sich bezweifeln. Die Erfahrungen eines Kosmopoliten sind banal. Ich darf behaupten, in New York so hoch in der gesellschaftlichen Stratosphäre zu verkehren, um festzustellen, daß Jackie Kennedy-Onassis gelegentlich Armani trägt.

Der geschliffenste Kosmopolit, dem ich begegnet bin, war ein Historiker, der sich auf die Gesellschaft am Zarenhof spezialisiert hatte. Die Lektüre sämtlicher Memoiren, Biographien, Briefe einer Menschengruppe, die in Beziehung stand mit der gleicherweise hochgestellten Gesellschaft der übrigen Länder, verschaffte ihm eine unvergleichlich intime Kenntnis der Welt – vor 100 Jahren.

Zu denken, daß meine Putzfrau, dank ihrer fleißigen Lektüre der

Regenbogenpresse, gegenwartsnäher lebt, beruhigt mein soziales Gerechtigkeitsgefühl. In bezug auf Lebenskenntnis und die private Sphäre der „Großen Welt“ steht sie dem Kosmopoliten in gleicher Augenhöhe gegenüber. Ich für mein Teilchen kann ihr nichts beibringen, am allerwenigsten die feine Lebensart.

Wie man Sprachen lernt

DER JAPANER IM FLUGZEUGSITZ neben mir hatte das Tischchen aus der Lehne des Vordersitzes geklappt und drauf ein Buch gelegt, aus dem er halblaut las: „Kau wasch wakka ku. Kau wasch wakka ku . . ." Ein buddhistisches Gebet, dachte ich. Ich versuchte, mich möglichst diskret zu verhalten, man stört nicht gern jemanden bei der Andacht. Er aber suchte Kontakt. Er wandte sich mir zu. Sein Gesicht spaltete sich quer zu einem Lächeln, das ein Gatter fingerlanger Zähne und eine Handbreit Zahnfleisch entblößte. Darüber schwebten seine Äuglein wie Schwalben im Himmel einer Kinderzeichnung. „Kau wasch wakka ku!" sagte er beglückt. Ich machte eine hilflose Gebärde: „Ich spreche leider nicht japanisch." Ich sagte es auf deutsch, ich hatte ihn vorhin sehr artig zur Hosteß „Bitte!" und „Danke!" sagen gehört. Jetzt war's an ihm, hilflos dreinzuschauen. Seine Lippen begannen in harter Arbeit über Zahnfleisch und Zahngatter Labiallaute zu formen, ohne das Lächeln auszulöschen. Das Resultat war der Satz: „Ich sprechen nicht deutsch!" Stolz fügte er hinzu: „Noch!" Er hielt mir sein Buch hin. Es schien eine Art Fibel zu sein. Unter der Zeichnung eines Stücks Rindvieh stand ein schönes japanisches Ideogramm. Daneben in Lateinbuchstaben die Wörter: Cow Vache Vacca Kuh. Ich begriff: Er lernte europäische Sprachen. Gleich vier auf einmal, die wichtigsten. Bereitwillig, mit ihm zu lernen, schlug ich die nächste Seite auf und las ihm vor: „Woman Femme Donna Frau." Er strahlte. Er nahm das Buch wieder an sich, zitierte von einer anderen Seite: „Tebl tabl tawolo tisch." Und wieder ich, mit dem Finger auf das Abbild eines Polstermöbels zeigend: „Sofa sofa sofa sofa." So unterhielten wir uns von Rom bis Frankfurt. Dort ist er ausgestiegen.

Ich habe mir nie den Kopf zerbrochen, wie man Sprachen lernt. Ich komme aus einer Weltgegend, in welcher ein halbes Dutzend durcheinander gesprochen worden sind. Ich habe sie alle im Ohr und längst vergessen, kann vollkommen akzentfrei auf rumänisch, russisch, ruthenisch, ungarisch und türkisch „Bitte!" und „Danke!" sagen wie der Japaner, aber das ist auch alles. Möglicherweise hat diese polyglotte Umgebung meinen Sprachsinn geschult, aber das würde bedeuten, daß die Methode des Japaners, vier auf einmal zu lernen — oder gleich sieben wie das tapfere Schneiderlein auf einen Streich — richtig ist, und das möchte ich bezweifeln. Ich spreche noch einige andere, westliche Sprachen als die vorhin genannten, und ein unruhiges Leben zwingt mich, sie durcheinander zu reden; ich weiß also aus Erfahrung, wie schlampig man spricht, wenn man nicht unablässig auf der Hut ist. Selbst wenn man in zwei, drei Sprachen sich zu Hause fühlt, widerfährt es einem, daß man in der einen spricht, während man in einer anderen denkt. Die Gefahr, daß dabei Wörter oder gar Redewendungen herausspringen, die in der gesprochenen Sprache einen gänzlich anderen oder gar keinen Sinn ergeben, liegt nah. Jedermann kennt die Witze, die über die Sprachkünste deutscher Staatsleute im Umlauf sind. Solange es bei dem Satz bleibt: „He will never get on a green twig" — womit gesagt werden wollte: Er kommt nie auf einen grünen Zweig — mag das noch hingehen. Auf dem Niveau von Tischreden ist derlei verzeihlich. In der hohen Politik kann es zu Verwicklungen führen. Im ehrwürdigen alten Völkerbund verließ einmal die chinesische Delegation beleidigt die Vollversammlung. Ihr Dolmetscher hatte den Ausdruck „Out of side, out of mind" mit „invisible idiot" übersetzt.

Es gibt bedeutende wissenschaftliche Untersuchungen darüber, wie man Sprachen lernt, welche Partien des Hirns dabei zur Verwendung kommen und so weiter. Eins ist gewiß: In der Schule lernt man sie am schlechtesten. Wer liest oder spricht Latein oder gar Griechisch nach ungezählten Jahren stumpfsinnig im Mief eines Klassenzimmers verdösten Jahren? Das Englisch und Französisch, das für ein Abitur ausreicht, befähigt nicht dazu, in England oder Frankreich das primitivste Gespräch zu führen. Ich bin mir bewußt, daß ich mir den Unmut einer ganzen Industrie zuziehe, wenn ich sage, daß ich auch von Sprachschulen, erst recht von Schnellsiedekursen auf solchen, nur wenig halte. Es kann nicht geleugnet werden, daß man sich auf solche Weise die Grundlage für eine spätere Perfektionierung verschaffen mag, aber mit einem Aufwand an Langeweile, mit einem natürlichen, wenngleich unbewußten Widerstand gegen die hartnäckige Zudringlichkeit des Einpaukens, die zu sehr verbittern, das Gelernte mit Freuden weiterzuentwickeln. Ich habe niemals jemanden getroffen, der — oder die — eine Sprache elegant gesprochen hätte, welche nach der Methode Berlitz oder irgend einer andern, davon abgeleiteten erlernt worden ist. Aber vielleicht bin ich hier ungerecht. Mag sein, daß ich die Ungeduld über mein eigenes Versagen in etwas hineinprojiziere, was bei jedem andern funktioniert. Ich habe einmal versucht, mit Hilfe eines Briefkurses Spanisch zu lernen. Aufgegeben habe ich's bei den Sätzen: „Pflückt des Gärtners Tochter die reifen Pfirsiche? Nein, aber Max hat ein Taschenmesser." Dagegen bin ich überzeugt, daß Tonbänder sehr nützlich sind. Die habe ich selbst zwar nie versucht — mir genügen meine fünf Sprachen neben „Bitte" und „Danke" auf sechs anderen —, aber eine von mir hochverehrte Dame, meine Angetraute, hatte im Garten unterhalb von meinem Arbeitszimmer ein Gerät in Bertrieb, von dem sie Griechisch lernte. Ich versuchte, so gut es ging, weiterzuarbeiten ohne hinzuhören, aber gänzlich unwillkürlich schnappte ich doch einiges auf, was unvergessen geblieben ist. Ich kann zum Beispiel fließend auf griechisch sagen: „Verteilet die Süssigkeiten!" Es ist der Bestandteil einer Satzgruppe, welche die Hausfrau in ihren täglichen Pflichten erläutert, insbesondere, am Ende der Mahlzeit das Dessert zu reichen.

Nach meiner bescheidenen Erfahrung lernt man Sprachen am besten durch die Notwendigkeit. Ich habe Italienisch gelernt, als ich beinah fünfzig war. Es war zwar vermutlich die erste Sprache, die ich bei aufkeimendem Bewußtsein gehört hatte, aber eben nur bis ins zarte Alter von drei Jahren, seither hatte ich's nicht mehr praktiziert, und es heißt, man lerne über fünfzig keine fremde Sprache mehr. Dem ist nicht so. Ich heiratete eine Italienerin, und um ihre sprachliche Überlegenheit auszugleichen, habe ich nicht gerastet und geruht, bis ich recht fließend Italienisch sprechen konnte — eine Art linguistischer Notwehr. Ich gebe zu, daß mir ein Vorbild zu Hilfe gekommen ist: ein Herr, den ich auf einer Jagd getroffen habe. Er sprach englisch mit seinen Hunden, italienisch mit seinen Freunden, französisch mit seiner Geliebten und haderte auf deutsch mit seiner Frau. Aber meine Frau spricht leider nicht Deutsch.

Mit Freuden habe ich dafür bei einem monatelangen Aufenthalt in Bali Malaysisch gelernt, allerdings das allerniedrigste, das nur aus etwa neunhundert Wörtern und überhaupt keiner Grammatik besteht. Die Balinesen sind ein artistisches Volk. Zu jener Zeit wurde dort viel Theater gespielt, die großen Dramen der Weltliteratur wurden auf malaysisch aufgeführt, man lernte dadurch rasch. Hamlets berühmter Monolog: „Sein oder nicht sein, das ist die Frage“ heißt auf malaysisch: „Apa apa apa, apa tidu apa apa, itu mau tau.“ Das ist eindringlich. Allerdings kommt es auch dabei zu Mißverständnissen. Auch Goethes „Faust“ stand auf dem Theaterzettel. Nun ist aber Faust ein Wort, das kein Malaye aussprechen kann. Faust hieß also „Tuan Post“. Das Theater in Bali pflegte noch die alte, bei uns schon nach dem Mittelalter außer Gewohnheit geratene Tradition des Hanswurst: des Clowns, der nach Belieben in die Handlung eingreifen und sie kurz, aber erquicklich mit seinem Unsinn unterbrechen darf. Wenn nun Gretchen im Kerker saß und sehnsuchtsvoll ausrief: „Post! Post!“ stürzte der Clown herein und übergab ihr einen Brief.

Schön, aber wie lernt man Sprachen? Gewiß nicht autodidaktisch. Der Vater des gegenwärtigen Fürsten von Thurn und Taxis, ein gelehrter Herr, hatte sich dreizehn Sprachen im Alleingang beigebracht. Er begrüßte die Jagdgäste seines Sohnes in ihren vermeintlichen Muttersprachen: Simeon von Bulgarien auf rumänisch, Niarchos auf griechisch, Rothschild auf hebräisch, ohne allerdings auf die verschiedenen Aussprachen zu achten, man verstand ihn nicht. Die sicherste Methode ist natürlich, als Kind zu lernen. In prosperösen Zeiten hielt – und hält man – ich sage „man" mit hervorhebenden Anführungszeichen – für seine Kinder englische und französische Gouvernanten, in Italien deutsche „Fräulein", die meistens aus Südtirol oder der Schweiz kamen und ein so strenges Regiment führten, daß die Zöglinge bis an ihr Lebensende zusammenzuckten, wenn ein deutsches Wort fiel, und sich standhaft weigerten, jemals wieder selbst eines auszusprechen. Die „Mademoiselles" und „Misses" waren erfolgreicher. Das mag damit zusammenhängen, daß sie entweder milde streng und gerecht oder aber umgänglicher waren und, wenn sie nicht mit dem Hausherrn schliefen, aus schierer Langeweile ihren Zöglingen zu den ersten, mehr oder weniger unschuldigen erotischen Erfahrungen verhalfen, was darauf hinweist, daß man Sprachen am allerleichtesten und besten in der Liebe erlernt, es ist ja auch der Zustand, in dem die ganze Skala der Empfindungen erlebt wird, von höchster Beglückung bis zu heftigster Pein. Um das auszudrücken, muß man das Vokabular vom Dithyrambischen bis zur Verwünschung erlernen. Anzufügen ist noch eine merkwürdige Erfahrung. Eine Sprache läßt sich besser erlernen von jemandem, der sie selbst erlernt hat, also dessen Muttersprache sie nicht ist. Im Zustand der Verliebtheit erhöht das den Reiz gewissermaßen um noch eine Dimension: Der fremde Andere, den man entdeckt, ist noch einmal verfremdet und stellt doch eben darüber wieder die Verbindung über das gemeinsam Fremde her.

Sprache ist dazu da, Fremdheit zu überwinden. Wie alle Gaben

Gottes hat auch sie ihre Schattenseite. Die Malayen sagen, die Affen könnten zwar sprechen, wollen es aber nicht tun, weil sie sonst arbeiten müßten. Als im Jahre 1856 im Neandertal der Schädel eines Urmenschen gefunden wurde, wußten die Gelehrten der Zeit nichts mit ihm anzufangen. Professor Virchow, ein Großer, neigte zur Annahme, es handle sich um das Kranium eines Idioten, der Schläge auf den Hinterkopf bekommen hatte. Ein gleichfalls sehr bedeutender Paläontologe meinte, es sei ein Kosak der napoleonischen Armee gewesen, die wulstigen Augenbögen über der fliehenden Stirn haben sich vermutlich entwickelt, weil er starke Schmerzen erleiden und darum die Augenbrauen habe übermäßig runzeln müssen. Einig wurde man sich erst später: Es war der Schädel eines Menschen, der vor vierzigtausend Jahren gelebt hatte. Aber sprechen hatte er nicht können, es fehlte das kleine, hufeisenförmige Knöchelchen zwischen Zungenwurzel und Kehlkopf, mit dem erst Sprache möglich wird. Hundert Jahre später fand man es. Der Neandertaler konnte also vermutlich sprechen. Man nimmt an, er sei von dem aus Afrika zugewanderten homo sapiens ausgerottet worden. Vielleicht hat er in der Bemühung, sich mit ihm zu verständigen, die Augenbrauen so gewalttätig gerunzelt, daß deshalb seine Augenbögen so wulstig geworden sind. Vergebens, jedenfalls. Woraus zu folgern ist: Wie immer man fremde Sprachen lernt, man sollte sie lernen.

Bakschisch

MAN MUSS DAS WORT IM MUND ZERGEHEN LASSEN, um seinen vollen Inhalt zu schmecken. Man muß seine lautmalerische Qualität heraushören: das Leichte, das Witzige, das Listige. Sprechen Sie sich's vor: Bakschisch. Was es bedeutet, scheint keiner Erklärung zu bedürfen. Jedermann kennt es und glaubt zu wissen, was es heißt. Aber so einfach ist es nicht. Bakschisch ist nicht allein ein Mittel für morgenländische (und abendländische) Korruption. Die Anwendung ist rein differenziert. Eine Ehrenrettung des Begriffs Bakschisch ist fällig.

Fangen wir damit an, das Wort mit (scheinbar) gleichbedeutenden Ausdrücken in anderen Sprachen zu vergleichen. Unser „Trinkgeld" ist plump. Es beschwört die Vorstellung von einem Krautjunker, der einem Droschkenkutscher zwei Zehnpfennigstücke in die Pranke drückt und dazu sagt: „Aber versaufen Sie's nicht gleich, Mann!" Das französische „pourboire" besagt das gleiche, steht ihm auch an Trivialität nicht nach. Man sieht den zweiten Kellner, der, nachdem der Gast abgezogen ist, skeptisch in seine Hand schaut, in der das „pourboire" liegt. Und dann rasch das Glas leert, das am Tisch nicht ausgetrunken worden ist. Natürlich kann man sich in beiden Sprachen graziöser ausdrücken. Nicht nur in der Benennung der kleinen Geldsumme, mit welcher man einen ziemlich alltäglichen Dienst über den ausgemachten Lohn hinaus belohnt, sondern auch – und vor allem – in den Worten, mit denen man diese Geste landesüblicher Höflichkeit begleitet. Eine russische Prinzessin, die in den Jahren der Emigration nach dem Ersten Weltkrieg in Paris ihren (und ihrer Familie) Lebensunterhalt als Maniküre verdiente, erzählte immer noch belustigt und gerührt vom scheu geflüsterten Satz, mit dem die Pariser Damen, deren Nägel sie auf Hochglanz poliert hatte (der Nagellack war noch nicht erfunden), ihr einen kleinen Schein zusteckten: „Voici pour des bonbons!" (Bonbons waren das Letzte, was sie sich davon kaufte, „Kartoffeln", sagte sie in heiterer Erinnerung.) Auch auf italienisch gibt es einige hübsche Formeln, zum Beispiel: „Per i bambini!" oder pompöser in der Untertreibung: „Per il suo disturbo". („Für Ihre Bemühung" ist weniger höflich; disturbo heißt „Störung". Also „Für die Störung, die Sie um meinetwillen auf sich genommen haben!") Allerdings sagt man das auch nur in besonderen Fällen, die einen Zartsinn erfordern, der in Italien nicht immer erforderlich ist. Die Skala der mehr oder minder freiwilligen Überbelohnung von Diensten, die eigentlich auch ohne eine solche geleistet werden müßten, aber mit ihr – oder in Erwartung ihrer – williger geleistet werden, ist im sonnigen Süden weit. Die Erwartung der „mancia" ist tief im Landesüblichen verankert. Man erzählt von einem Mann, der auf einer spektakulären Uferstraße seinen Wagen angehalten hatte, um aufs Meer hinaus zu schauen. Ihm näherte sich ein Einheimischer, deutete auf die blanke See hinaus, indem er sagte: „Signore, il mare!" und hielt ihm gleichzeitig die Hand zur „mancia" hin. Das alles ist Bakschisch und ist es doch wieder nicht. Denn Bakschisch ist mehr, ist sanfter, schlauer, witziger und – ja, eben poetisch.

Das scheint in krassem Widerspruch zu stehen mit der quälenden Zudringlichkeit, mit welcher im Orient Schwärme von professionellen und dilettierenden Bettlern vom Kleinkind bis zur Muhme sich auf jeden Fremden stürzen wie die Fliegen auf den Honigtopf und „Bakschisch! Bakschisch!" verlangen. Allein der Umstand, daß es nicht nur berufsmäßig Verstümmelte, Blinde und Aussätzige sind, die betteln, sondern auch ranke Burschen und biblisch silberhaarige Greise, deutet an, daß ein Geschenk erwartet wird und nicht ein Almosen. Der Schrei „Bakschisch!" ist ein Appell an die Großherzigkeit des Gebers, eine Art Verneigung vor seiner Generosität. Man rechnet mit Ihrem Stolz, mit Ihrer Selbstachtung. Zugegeben, auch im Bakschisch ist die Skala

der Wortbedeutung weit. Auch hier reicht sie je nach der erwarteten oder vollbrachten Gegenleistung von der kleinen Münze über das Bündel knisternder Geldscheine bis zum Scheck in Millionenhöhe. Bakschisch ist nicht nur großmütige Belohnung über den üblichen Lohn hinaus, sondern auch das „Sesam öffne dich!“ in Fällen, in welchen man seine Absicht trotz versperrter Türen, tauber Ohren und starrsinnigen Verweigerungen durchsetzt. Kurz: Bakschisch ist auch, was auf gut (aber leider grob) deutsch Bestechung oder Schmiergeld heißt. Aber wie verletzend sind diese Wörter.

Bakschisch will in morgenländischem Wortreichtum beschrieben und morgenländisch poetisch aufgefaßt werden. Dann verliert es alles Anrüchige. Es stellt eine Verpöbelung dar, wenn man seine Bestimmung und Wirkung mit plumperen Worten ausdrückt. Ein Beispiel: Eine Reisegruppe ist in der Halle eines Hotels in Madras versammelt. Um sie her türmt sich das Gepäck. Tonnen von Übergewicht, schlecht verpackte skurrile Gegenstände, die jeden Zollbeamten neugierig machen müssen. Es ist sechs Uhr morgens, um sieben soll das Flugzeug aufsteigen, und der Bus ist nicht vorgefahren. In der Gruppe droht Panik auszubrechen. Der Reiseleiter verhandelt mit dem Hotelportier, der ihm erklärt, wie schwierig es sei, in so kurzer Zeit zum Flugplatz zu gelangen, die Formalitäten zur Einschiffung der Passagiere zu erledigen, das Gepäck durch den Zoll zu bringen. Ein Herr aus der Gruppe, der sich für einen alten Indienfahrer hält, ruft aufgebracht dazwischen: „But the bribe! What about the bribe for the employee of the airline!“ Der Gruppenleiter und der Hotelportier tauschen einen geschmerzten Blick. Jedermann weiß, daß ein Angestellter der Luftlinie helfen kann, wenn er will. Jedermann weiß auch, daß sein guter Wille käuflich ist. „Bribe“ ist dafür ein hartes Wort. Es heißt ganz unumwunden Bestechung. Der Reiseleiter korrigiert ihn irritiert: „Rather call it a tip, not a bribe!“ Und der Hotelportier fügt indisch-gazellenäugig hinzu: „A little bakshish, perhaps.“ Die Sache wird einverständlich ausgehandelt. Der Bus fährt vor. Der Hotelportier schaut hinter den Davontrottenden her und sagt in singendem Englisch: „They indeed lack education." Bakschisch ist Erziehungssache. Ein Prüfstein in der Herzensbildung. Auch wer den Scheck in Millionenhöhe ausstellt, tröstet sich damit, daß Bakschisch im Grunde doch nur ein zugestecktes Trinkgeld ist. Bakschisch entlastet die Seele. Die Ölung der Bereitwilligkeit, einen Dienst rascher, besser, reibungsloser zu verrichten, als füglich erwartet werden darf, erfordert Taktgefühl von beiden Seiten. Im ehemaligen Rumänien vor Ceauşescu hatten die Schreibtische von staatlichen Funktionären durchschiebbare Schubladen, die ein Bittsteller zu sich hinausziehen konnte, um das Bakschisch hineinzulegen. Selbstverständlich nicht ungeschliffen in blanken Geldbündeln, sondern elegant in einer Tabatiere. Wie immer Bakschisch verabreicht oder angenommen wird – stolz, hämisch, scheu, verlegen, herzlich, widerwillig –, beides erfordert Stil und Manieren. Der Kavalier, der einem hübschen Zimmermädchen einen Fünfzigmarkschein ins Strumpfband steckt, begleitet diese Geste mit einem Kuß. Maîtres d'hôtel und Schlafwagenschaffnern tapeziert man die Handfläche vor dem Diner beziehungsweise vor der Reise, um sie nicht im Zweifel zu lassen, daß man gut bedient werden will. Für den Geschulten gilt eine Regel: Es ist ein arger Fehler, kein Bakschisch zu geben; ein noch ärgerer, keines anzunehmen.

Vom wandelbaren Image der Toskana

IMAGE IST EINES VON DEN WÖRTERN, die – man weiß nicht recht wieso und woher – mit einemmal im täglichen Sprachgebrauch auftauchen und darin zu wimmeln beginnen wie eine verpflanzte zoologische Spezies: etwa die Kaninchen in Australien. Sie hämmern dem kollektiven Bewußtsein Begriffe ein, die eine neue Auffassung der Dinge anzeigen. Mit Image ist ausgedrückt, wie ein Gegenstand mehr oder minder unabhängig vom Urteil einzelner sich in der Sicht des Kollektivs ausnimmt. In meiner Jugend – sie liegt leider weit zurück – hätte niemand verstanden wovon die Rede sei, wenn vom „Image der Toskana“ gesprochen worden wäre: Selbst Italiener, die sich ein Bild vom Charakter der Landschaft und der Menschen Etruriens machen konnten, würden nichts anzufangen gewußt haben mit einem Wort, das nicht die Tatsache allein benennt, sondern vor allem deren zusammenfassenden Schein. Heute kann man sich dieser Trope bedienen, um jedermann verständlich zu vergegenwärtigen, welches Bild die Toskana im Wandel der Epochen in deren Vorstellung und Auffassungen hervorgerufen hat. Nämlich durch längere Perioden so gut wie gar keines. Seit dem letzten großen Medici war die Toskana mitsamt ihrer Hauptstadt Florenz in einen Dornröschenschlaf verfallen, aus dem erst knapp vor dem Ende des 19. Jahrhunderts zwei Kirchenväter der Kunstgeschichte sie erweckten: John Ruskin und Jakob Burckhardt. Erst sie öffneten die Augen für das Maß, in welchem Florenz und die anderen schönen und kulturgeschichtlich bedeutenden Städte der Toskana in ihrer Blütezeit die Kultur des Abendlands bestimmend geprägt hatten. Geboren war vor allem für Florenz und dessen Stadtgeist und außerordentlichen Sinn für Form und Proportionen (gepaart mit einer ebenso außerordentlich hohen Selbsteinschätzung) das Image

des „Athen am Arno-Ufer", an dem selbst so Scharfäugige wie Goethe und Stendhal blind vorübergegangen waren. Der geographische Begriff Toskana insgesamt erfuhr damit eine Erweiterung ins Kulturelle, die bei allen höheren Töchtern der feinen Bildung Verzückungszustände auslöste, wenn die Glockenschläge der damit verbundenen Namen fielen: Dante und Petrarca, Bocaccio und Arnolfo di Cambio, Brunelleschi, Nicola und Giovanni Pisano, Ghiberti, Donatello, Giotto, Boticelli, Piero della Francesca, Leonardo, Michelangelo und so fort bis hin zu dem, in welchem (bezeichnenderweise für unseren gegenwärtigen Zivilisationszustand) das kulturelle Schwergewicht Hand in Hand geht mit dem finanziellen: der Kunstmakler Berenson, Kunstkenner und Berater von Sammlern und sie beliefernden Händlern.

Die Florentiner haben sich redliche Mühe gegeben, diesem Image gerecht zu werden. Florenz war um die Jahrhundertwende das unumstrittene Zentrum des literarischen Lebens in Italien; und wie man im Quattrocento gelehrten Männern wie Leonardo Bruni oder Carlo Marsuppini Grabnischen in Santa Croce eingeräumt hat, so hätte man für den geistigen Betrieb um und nach 1900 Giovanni Papini oder Giuseppe Prezzolini ähnliche Ehren erweisen können. (Was leider nicht geschehen ist, obwohl in der Gegend auch d'Annunzio herumspukt und, nebenbei, der erste und einzige italienische Soziologe: Paolo Mamtegazza.) Seither hat der Florentiner Geist sich freilich mehr mit der Erhaltung als mit der Weiterführung des kulturellen Erbes befaßt. Trotzdem ist das Image vom „Athen am Arno-Ufer" längst nicht verblaßt. Die eigentlich archäologische Entdeckung der Herren Burckhardt und Ruskin ist in über hundert Jahren so zum Gemeinplatz geworden, daß sie von jedermann unbedenklich hingenommen wird und jegliche Absicht zur Überprüfung hinfällig, wenn nicht gar als ein Sakrileg erscheinen läßt. Sie betrifft nicht nur Florenz und die anderen toskanischen Städte wie Siena, Pisa, Arezzo, Lucca, Samsepolero, Volterra und so weiter, sondern die Landschaft der Toskana insgesamt.

Das ist ein riesiges und äußerst vielgestaltiges Gebiet. Es umfaßt mit seinen neun Provinzen Arezzo, Florenz, Grosseto, Livorno, Lucca, Massa-Carrara, Pisa, Pistoia und Siena so verschiedenartige Landschaften wie das von Lößabstürzen zerklüftete Valdarme und die trockengelegte sumpfige Ebene der Marenna, das Bergland der Gerfagnana und die Hügel des Mugello, den weiträumig geschwungenen Chianti und den pittoresken Küstenstrich von La Spezia bis Civitavecchia. Und man geht nicht fehl mit dem kulturellen Bezug: Gemeinsam ist diesen Gegenden eine edle Armut, die man versucht sein könnte, einer dezidierten Zurückhaltung der Natur zuzuschreiben. Die Linienführung des Geländes ist stets klar, präzise, eindeutig. Selbst wo die Ansicht romantisch wird wie in den Bergen über Carrara oder in den Paßtälern des Appenin oder wo das Panorama grandios wird wie in den ineinanderrollenden Hügelwellen des Casentine bleibt alles in Maßen. Es herrscht Anstand in der toskanischen Natur – und Strenge. Eben das läßt sich von der Kunst der Toskana sagen. Ob es die Malerei ist oder die Bildhauerei, vor allem aber die Baukunst – was sie auszeichnet ist Strenge, Sparsamkeit der Mittel, Maß. Es ist mehr als einmal ausgesprochen worden, daß die Tugenden der Toskana auf eine Eigenschaft zurückzuführen wären, die eigentlich keine Tugend ist: Geiz. Oder sagen wir schwungvoller: Sparsamkeit. Denn es ist ein armes Land. Der Boden ist karg. Was wuchern darf, sind Kräuter und Gebüsch von der Würzigkeit, die aus der Dürre kommt. Rosmarin wächst zu dschungelhafter Üppigkeit auf, Lorbeer büschelt dunkelgrün glänzend in den blauen Himmel. Krüppeleichen und Kastanien stehen über dem Ginster; Zypressen säumen die Wege. Und an Nutzbarem bringt dieser steinige Boden zwei essentielle Gottesgaben hervor: Ölbäume und Weinstöcke.

Indes war's sicherlich nicht die archaiische Schönheit und die Kulturverheißung allein, was der Toskana ihr zweites, gegenwärtiges Image aufgesetzt hat. Um sie zum „Paradies der Ferienhausbesitzer" (und

Weltflüchtlinge) zu machen, dazu bedurfte es des Wandels von Italien insgesamt. Erst nach dem Zweiten Weltkrieg wurde auch Italien von einem Agrarland zu einem Industrieland – und die Landflucht setzte ein. In der Toskana mit der Gründlichkeit einer Lawine. Über Nacht waren die Zeiten vorbei, in denen schöne weiße Ochsen mit weit ausladenden Hörnern die Pflüge durch die Äcker zogen. Vorbei war der Anblick von heikel aufgetürmten Lasten strohumflochtener Chiantiflaschen auf schaukelnden zweirädrigen Karren. Vorbei die sagenhafte Zeit, in welcher jeder zäh sein Brot der Not abringende toskanische Bauer seine Zypresse genau dorthin pflanzte, wo sie dereinst den Schatten hinwerfen konnte, in dem der Wasserkrug zur Kühlung stehen sollte, um nach der harten Arbeit des Landmanns Durst zu stillen. Das sind Nachrufe. Vor fünfundzwanzig Jahren waren in der Toskana rund siebzigtausend Gehöfte verödet. Sie waren fast durchwegs von Halbpächtern, sogenannten Mezzadri, bewirtschaftet gewesen: kleine Anwesen von fünf bis zehn Hektar, der Boden gehörte Großgrundbesitzern, meist Nachkommen des städtischen Patrizier-Adels. Die Hauptkulturen, Weinstöcke und Olivenbäume, standen gemischt in buschigen Zeilen. Korn, Hafer, Mais, Lupinen, Kartoffel wurden dazwischen nur dürftig angebaut. Hinter der Mistgrube, in der die Hühner kratzten, zogen die Hausfrauen kümmerliche Gemüse. Für ein einfaches Leben mochte das ausreichen. Solange die Halbpacht funktionierte – nämlich solange die Verpflichtung gegenseitiger Leistung zwischen Grundherren und Kleinpächtern eingehalten und nicht erwartet wurde, daß der Mezzadre fast die gesamte Hälfte seiner Erträge an den Grundbesitzer abliefere, ohne daß dieser ihm dafür Saatgut und Maschinen zur Verfügung stelle, Wege baue, Wasserleitungen anlege und ähnliches, dürfte dank der toskanischen Kargheit doch eine gewisse, wenn auch klammfingrige und schweißvergärende Behaglichkeit in solchen Gehöften geherrscht haben. Ein Magnet für Nostalgien folkloristisch gesinnter Großstädter.

Denn diese nach dem Kolonat, Jet Pacht, Case coloniche genannten Häuser sind schön dank ihrer Einfachheit. Kein anderes Volk weiß mit gleicher Sicherheit in Quadrate von Hausfronten die Bögen oft zweistöckiger Loggien zu setzen. Im Dach steckt der stumpfe Taubenturm, die Piccionaia, und gibt dem Haus das Kompakte einer kleinen Festung. Denkt man sich dazu die schwarze Fackel einer Zypresse, die wie ein Ausrufezeichen die Vereinzelung eines solchen Hauses in der Weitläufigkeit der Landschaft hervorhebt, so sieht das sehr verführerisch nach einfachem, vitaminreichem Leben in heiler Welt aus. Die Häuser sind geräumig. Oft hatten zur gegenseitigen Hilfeleistung zwei Familien mitsamt Großvieh unter einem Dach gelebt. Die Gebäude stehen pittoresk verschachtelt um die Höfe. Man buk sein eigenes Brot. Gelebt, geboren, herangewachsen, vermählt, gezeugt, gerastet, gespeist, getrunken, geschwätzt, im Greisenalter vor sich hingedöst wurde um die großen Kamine in den Wohnküchen. Für gehetzte Großstädter waren das Vorstellungen, die ihre Seelen erhoben. Sie dankten es dem Wirklichkeitssinn der Mezzadri, der Kleinwohnungen in Zementbauten mit Zentralheizung und allerlei gekachelten Wasserspülungen einer zweifelhaften bukolischen Gemütlichkeit vorziehen ließ – abgesehen von Verdienstmöglichkeiten, die von harter Schollenarbeit Verknoteten geradezu märchenhaft erscheinen mußten. So zukunftsfroh nun die einen auszogen, zogen die anderen ein. Heute entspricht die Toskana dem Image vom „Paradies der Ferienhausbesitzer" auf beängstigende Weise. Das Handgemachte ihrer Schönheit – die sparsame Konturierung der Landschaft durch wirtschaftliche Notwendigkeiten – bekommt einen Stich ins Kunstgewerbliche. Gewiß, die Dächer der verfallenen Case coloniche sind wieder dicht gemacht: die Stuben nach dem Motto „Mehr Stall ins Haus!" so ländlich eingerichtet, wie sie's zu Zeiten der Mezzadri nie gewesen waren. In den Scheunen aber wirken jetzt meist Künstlerhände an beseelten Schöpfungen. Zwar zieht der Ehrgeiz auch dahin, vom miterworbenen kargen Grund eigenen Wein zu keltern und eigenes Öl zu pressen und die eigenen ökologisch einwandfreien Rapunzel zu ziehen. Aber das geht kaum jemals über Spielerei hinaus. Und derlei verändert den Charakter einer Landschaft. Große Landstriche, voran der Chianti und die Gegend um Siena, dann die Gebiete um Lucca und Arezzo und Teile der Maremma sind ein riesiges rustikales Suburbien geworden. Der kulturelle Bezug wird durch Fernsehantennen hergestellt.

Das bringt natürlich einen neuen Imagewandel mit sich, über den ich vorderhand lieber schweigen möchte.

Frankreich

UNTER NICHTFRANZOSEN, DIE IN FRANKREICH LEBEN, trifft man häufig auf die Feststellung: „Wir lieben Frankreich, obwohl die Franzosen unerträglich sind: arrogant und unhöflich bis zur Grobheit, maßlos von sich eingenommen, borniert besserwisserisch, geizig und xenophob. Aber das Land ist herrlich, eine Gotteswelt." Daß es die Franzosen sind, die dieses Land zu dem herangepflegt haben, wie es ist, kann nicht bestritten werden. Das ist nicht unbedingt ein Widerspruch. Man kann ein Ekel und doch ein guter Hausvater, eine Megäre und doch eine vorzügliche Köchin sein. Womit wiederum nicht gesagt sein soll, daß die Ansicht von den abstoßenden Eigenschaften der Franzosen uneingeschränkt richtig ist. Eins ist gewiß: sie lieben uns Nichtfranzosen nicht; aber sie lieben sich auch untereinander nicht.

Ihr Land ist wahrlich eine Gotteswelt. Noch haben sie's zum großen Teil so bestehen lassen, wie sie es bebaut haben, als unsere Welt noch gottesgläubig war. Mit einer weiten, umsichtig gepflegten Natur, wohlgefügten Städten, Dörfern und Landhäusern wie aus dem Bilderbuch. Auch sie sind von der epidemischen Amerikaniá nicht verschont geblieben, aber sie hält sich bei ihnen noch in Schranken. Selbst der Schund der Shopping-Center hat in Frankreich noch etwas Solides. Denn das ist eine von den guten Eigenschaften der Franzosen: ihre Solidität. Man trifft Typen auf dem Land, die wie eiserne Würfel sind. Jeder sein eigener wortknapp maulender Jean Gabin. Und selbst der windigste Pariser zeigt in der schnöden Kritik am Glas Rotwein, das ihm der Wirt im Bistro über die Theke schiebt, an den Karotten und Artischocken am Stand der Marktfrau, an den Beinen der Mädchen, die vorüber gehen, noch den unbestechlichen Qualitätssinn der Lebensgüter, der in Frankreich ein nationales Merkmal ist. Das geht Hand in Hand mit einer grundsätzlichen Einfachheit, einem Sinn fürs Essentielle. Im Gegensatz zu der Vorstellung von tänzelnden Franzosen mit dem zierlich abgespreizten kleinen Finger und einer Sprache wie ein rapides Taubengurren wird in Frankreich nicht viel gefackelt. Ein kariertes Tischtuch über einen Holztisch geworfen, ist ein Auftakt zu einer lebensnotwendigen Verrichtung, worauf es ankommt ist das, was darauf serviert wird. Das Brot, die Zubereitung der Gerichte, der Wein. Das wird nicht wesentlich beeinträchtigt, wenn das Tischtuch nicht aus Tuch, sondern aus Wachstuch ist. Insofern lebt sich's immer noch flott in Frankreich, selbst wenn dort Gott schon ein anderer ist, der in Wahrheit Mammon heißt.

Der tänzelnde Franzose ist eine Biedermeier-Legende, die nur dort am Leben geblieben ist, wo die blutenden Wogen der großen Revolution ausgeplätschert haben; in Frankreich hat sie gründlich aufgeräumt mit dem Rokoko — das hat den Franzosen gut getan, uns jedoch fehlt jene Epoche, in welcher die starre Prunksucht des Barock sich frivolisiert und über sich selber lustig macht. Freilich ist dann mit dem Umschlag der Lustigkeit in blutrünstige Hemmungslosigkeit der Sinn für Humor verlustig gegangen. Auch heute noch sind französische Witze, französische Karikaturen eher bissig als schmunzelnd-beschaulich, in satirischen Blättern wie dem „Canard Enchainé“ kommt ein Hang zur brutalen Rücksichtslosigkeit zutage wie sonst nur noch beim Autofahren der Franzosen. Auch im Verkehr wird dort nicht gefackelt, gleichviel ob auch dabei die Köpfe und andere Körperteile rollen.

Und wie ist das mit dem Taubengurren der Sprache? Zärtlich ist auch das nicht. Bestenfalls verrät sich darin die Eigenschaft, die schon Stendhal als die Hervorstechendste seiner Landsleute bezeichnet hat, die Eitelkeit. In der Sprache ist sie freilich eine Tugend. In ihr offenbart sich das wundervolle französische Formgefühl, verfeinert bis ins Spielerische und von unvergleichlicher Eleganz, selbst noch im schnödesten Jargon, in dem Schriftsteller vom Rang eines Quenuau fündig geworden sind wie glücklich gesegnete Diamantensucher. Da im

Sprachschöpferischen des Volksmundes revoltiert der französische Geist gegen die Tendenz der Erstarrung, die sich in der Hochsprache zeigt. Dieses allzu glasklare Instrument des Ausdrucks wird spröde, wenn die elegant ausgetretenen Gebiete des Klassisch-Herkömmlichen, gewissermaßen die kulturellen Parkanlagen verlassen sind und man an die heutige Wirklichkeit gerät. Es müssen immer mehr Fremdwörter eingebürgert werden, und wo man sich außerhalb der Tuilerien des Geistigen bewegt, kommt damit ein artifizielles Idiom zustande, das tatsächlich etwas Pretiös-Geziertes hat. Wo aber die reine Sprache gesprochen wird, schnürt sie schon wie ein zu enges Korsett.

Ob es an diesem untergründig wirkenden Sprachzwang liegt (der auch ein Sprechzwang ist: man redet unaufhörlich in Frankreich, und selbst in der Wortknappheit des Prototyps Jean Gabin lauert die Springflut der französischen Eloquenz), oder ob es einfach die Eitelkeit ist, die das Spontane verhindert –: der Umgang mit Franzosen ist mühsam. Nicht nur haben sie unsereins die Meisterschaft im Ausdruck voraus, die umso einschüchternder ist, je formvollendeter sie auf den traditionellen kulturellen Vorsprung hinweist; sie selbst, die Franzosen, sind niemals gänzlich frei, so leger sie sich auch geben. Es ist, als wäre jedes ihrer Worte, jede ihrer Gesten von einem geheimen Beobachter überwacht und gesteuert. Man wird befangen von einer sozusagen scharf nach Mottenpulver riechenden Formalität. Man fühlt sich nach Hamburg versetzt durch eine Art immer und überall mitschwingendes Protokoll, das jedem Mann, jeder Frau, jeder Sache und jedem Ding seinen Platz in einer unerbittlich strengen Rangordnung zuweist. Selbst in mondänsten Cotterien bei den heutigen Guermantes residiert der Geist von Madame Verdurin mit aller unersättlichen gesellschaftlichen Strebsamkeit und Überheblichkeit. Indes, spielt man dieses Spiel mit, wenn auch nur zum Schein und um sich anzupassen, so ist das von unbezweifelbarer zivilisatorischer Wirkung. Man wird eleganter durch den Umgang mit Franzosen.

Dafür ist der Preis der Ungeduld, in die sie uns gelegentlich versetzen, nicht zu hoch. Man kann durch sie nicht nur eleganter, sondern in gewisser Weise und zwar auf lockere, sittenstrenger werden. Denn auch die erotische Besessenheit und Zügellosigkeit der Franzosen ist eine Legende – besser gesagt: ein optischer Fehler, der sich aus unserer Unfähigkeit ergibt, zu sehen, daß Französinnen eine blühende Erotik mit allen Eigenschaften von guten Hausfrauen verbinden können. Von den „Liaisons dangereuse“, die neuerdings auch im Kino zu genießen sind, bis zu den linkischen Problemstellungen der Françoise Sagan beschäftigt sich ein Zweig der französischen Literatur auf vorbildliche Weise mit dem bedenklichen widersprüchlichen Zusammenhang von Sex und Gefühl. Deshalb ist jedoch die Libertinage in Frankreich nicht militanter als anderswo. Nur eben – wie das meiste andere auch, von älterer, kultivierterer Herkunft. Also abgeklärter, besser eingespielt, von weniger störender Dramatik. Bewahrt wird zwar nicht ein Kodex von Geboten und Verboten, sondern die persönliche Würde der Sündigen – und das ist ja auch was wert.

Kurzum: wahrscheinlich ist es ein Glück, daß Frankreich, das wir so lieben, von den Franzosen bewohnt wird und nicht uns überlassen ist.

Ich wünsch' mir eine Insel

ICH WÜSSTE NICHT ZU SAGEN, was alles mitspielt beim Wunsch, eine Insel zu besitzen. Gelernte Seelenforscher werden mich vermutlich belehren, ein solches spielerisches Phantasiegebilde entspringe schlechthin jenen schattigen Tiefen unserer Psyche, in welchen unsere Ängste – somit unsere Hoffnungen, Sehnsüchte, Begehren – angesiedelt sind. Ich aber glaube, es sitzt noch tiefer. Kein Zweifel, man wünscht sich auf eine Insel, um sich zu isolieren. Das heißt: um sich zurückzuziehen, abzuschirmen, aus dem Getümmel der Welt herauszunehmen. Doch das ist nicht alles. Die Psychologen mögen sagen: eine Insel besitzen wollen sei ein Zeichen äußerster Eigensucht. Auch das mag stimmen. Sie mögen mir erläutern, daß auch der Besitztrieb seinen Ursprung in den nicht geheuren Sphären unseres Unter- und Unbewußten habe, in welche sie dank ihrer unermüdlichen Forschung immer helleres Licht bringen. Ich glaube ihnen aufs Wort. Ich bin weit entfernt davon, ihnen meine Vermutungen entgegenzustellen.

Gewiß, nicht jedermann und jedefrau wünscht sich auf eine Insel. Entscheidend dürfte aber dabei nicht das Ausmaß der Ängste (und damit der Hoffnungen, Sehnsüchte und Begehren) sein, sondern die Richtung, in welche die von Ängsten, Hoffnungen, Sehnsüchten, Begehren ausgelösten Impulse entsprechend dem Charakter weisen. Mit einem Wort: der Fluchtweg. Und davon gibt's zwei. Der eine sowohl wie der andere entspricht einem Urtyp des Menschengeschlechts in jedem einzelnen von uns. Es sind dies – nein, nicht Mann und Frau, sondern die Sprößlinge der ersten Menschen: der frei schweifende Herdentreiber Abel und der brav geschaffte (wenngleich neidische und gewalttätige) Kain. Sie bestimmen das, was ich hier gröblich Charakter nenne. Denn wir alle, gleichviel ob Mann oder Frau, tragen sie

beide brüderlich – leider auch in ihrer Art der Brüderlichkeit – in unserem Menschenwesen; und wie wir uns verhalten, wird von der Vorherrschaft des einen oder andern in uns bestimmt. Jeweils danach wählen wir den Fluchtweg aus dem Gewabere unserer Ängste. Je nach dem einen oder andern richten sich unsere Hoffnungen, Sehnsüchte und Begehren. Im landläufigen Charakter sind diese zentripetalen und zentrifugalen Tendenzen halbwegs ausgependelt. In reiner Form hätte keiner der beiden Urtypen auf einer Insel etwas zu suchen. Gewiß nicht der Nomade. Für ihn wäre sie ein Gefängnis, ein Ort der Fessel, der Verleugnung seines Wesens im Eingeschränkten. Aber auch der Seßhafte verlöre auf ihr seinen Charakter. Eine Insel ist keine Zuflucht. Sie bietet keine Geborgenheit wie die Höhle. Im Gegenteil: Sie expandiert. Wer sich auf einer Insel ansässig macht, läuft Gefahr, daß die leere Weite über den Wassern, die sie umgeben, ihn in sich einsauge. Er mag seinen Acker bestellen und sich hinter dessen Umzäunung verkriechen – auf die Dauer wird er der Verlockung nicht standhalten. Er wird Seefahrer werden und nach entlegenem Gestade streben: ein Nomade wie sein brüderlicher Gegenspieler, der Wanderhirte. Allerdings mit dem Traum von Ithaka im Herzen. Wer sich auf eine Insel wünscht, hat die Wange seines Wesens dem nach Freiheit strebenden Seßhaften zugeneigt. Er ist der bekehrte Mörder Abels. Indes: sich auf eine Insel wünschen und sie für sich allein besitzen wollen sei – so sagen die Seelenkundigen – ein verräterisches Zeichen äußerster Eigensucht. Also der Eigenliebe. Die Insel wird zur Projektion des Ich: man identifiziert sich mit ihr. Liebe ist immer ein Akt der Identifizierung, vollzieht sich aber in einem sublimen Wechselspiel. Man liebt auch Inseln nicht nur um seiner Eigenliebe willen, sondern wegen ihrer Persönlichkeit.

Eine Insel ist ein von Wasser umgebenes und begrenztes Stück Land. Das heißt: sie ist aus der Welt herausgehobenes, vereinzeltes, sozusagen individuell gewordenes Land. Dessen Grenzen sind unmißverständlich gezogen. Wer sie unter seinen Füßen hat, verliert nicht das Bewußtsein, auf einer Insel zu stehen – und zwar auf dieser einen ganz bestimmten, die sich ihm persönlich unterstellt. Er setzt sich mit ihrer Persönlichkeit auseinander. Sie kann ihm gefallen oder mißfallen, ihn abstoßen oder rufen. Die Insel, die wir in unserem Wunschtraum visionieren, ist sozusagen eine geographische Anima. In ihr lieben wir alle Inseln, und in allen Inseln lieben wir sie. Liebe als ein Akt der Identifikation drängt zum Kennenlernen. Etwas kennen, heißt es geistig besitzen. Auch das machen Inseln uns leicht. Sie sind überschaubar und stetig sie selbst: eine Art von vornherein gesicherter Besitz. Insofern sind sie doch Zuflucht: wer etwas kennt, hat Überraschungen vorgebeugt. Er kann beruhigt sein. Sicherheit macht selbstsicher. Inselbewohner – ob Briten oder Helgoländer, Sarden oder Malteser – beziehen ihr augenfälliges Selbstbewußtsein aus der Sicherheit eines Besitzes, der von der Leere, die ihn umgibt, nicht bedroht, sondern gesichert wird. Die Weite schreckt Insulaner nicht. Sie lieben ihre Inselheimat als einen Ort natürlich umgrenzter, damit aber nicht eingeschränkter Freiheit.

Was noch weckt in mir den Wunsch, eine Insel zu besitzen? Der Wunsch nach einem Wunschtraum, der etwas Essentielles für mein Dasein bedeutet. Die Insel meiner Träume hat keine festgelegte Gestalt. Ich will sie nicht wählen aus denen, die ich kennen- und lieben gelernt habe. Ich möchte auch nicht verzichten auf die Inselbilder, die sich meiner Phantasie durch Schilderungen aus Büchern eingeprägt haben: Stevensons Schatzinsel und Robinson Crusoes geliebt-gehaßtes Schicksals-Eiland, Captain Cooks Entdeckungen im Stillen Ozean oder das Beinhausgeschwader von Melvilles Galapagos-Gruppe, an der die Eisberge vorüberziehen, oder die Schäre von Knut Hamsuns Leuchtturmwärter, der sich die Augen weißgeschaut hat am Meer. Von alledem müßte meine Insel etwas behalten. Denn wenn sie meine Welt sein sollte, so hätte sie die ganze Welt in aller Mannigfaltigkeit zu sein. Aber das macht den Wunschtraum unerfüllbar. Daß wir die Herde hassen und die Einsamkeit nicht ertragen, das ist unser ewiger Konflikt.

Es gibt dafür kein schöneres Bild als Robinson Crusoe, der tagein, tagaus aufs Meer hinausspäht, ob nicht das Schiff auftaucht, das ihn aus seiner Verbannung erlöst, und tief erschrickt, als er die Spur eines Menschen auf seiner Insel entdeckt.

Der Busenfreund

Der Busenfreund

Es sollte kein Zweifel darüber aufkommen, daß ich ein deklarierter Busenfreund bin. Ich teile diese Leidenschaft mit dem großen Filmregisseur Alberto L. Manche schöne Stunde habe ich mit ihm in einer Barke in der Bucht von Lindos (Rhodos) hingebracht, durch ein scharfes Augenglas der Marke Zeiss die Felsenkliffe zum Meer nach Nacktbaderinnen absuchend. Die Suche war nie ergebnislos. Nacktbaderinnen sind zu Dutzenden über die Kliffe von Lindos hingestreut, in allen Schattierungen von Haselnußbraun bis Mokka eingebrannt von der sengenden Sonne. Wenn ich Alberto das Fernglas aus den Händen (und vom Auge) gerungen hatte, mochte er mir zuraunzen: „Die dritte von links, ganz oben. Ja, die: ein bißchen birnenförmig, aber bei weitem das Beste, was ich seit langem gesehen habe."

Natürlich hielt er's nicht lange aus und rang sich das Fernglas wieder aus meinen Händen zurück. Sein in Motivsuche geschärftes Filmschöpferauge fand bald das Erwünschte. Er stöhnte: „Die ist perfekt. Ich könnte schwören: eine Italienerin. Meridionale, ohne Zweifel." Er ist ein großer Lehrmeister, mein Freund Alberto. Ein leidenschaftlicher Busenfreund. Ich verdanke ihm auch das Mißtrauen gegen zu üppige Fülle. „Das hält sich nicht, das hält sich nicht, das kann sich nicht halten. Etwas mehr als eine Handvoll ist ideal." Es waren schöne Tage, und ich blicke zukünftigen ungeduldig entgegen.

Alberto spricht nicht Deutsch, und so konnte ich ihn nicht aufklären über den Doppelsinn des Wortes „Busenfreund". Bei uns kann man das ja auch ganz anders auffassen, idealistischer, sozusagen. Der Busen ist dann etwas, woran man einen Freund oder eine Freundin drückt. Bei Menschen mit Gefühl kommt man sich dabei vor wie ein Stück Toast unter einem Spiegelei.

Im Italienischen gibt es kein Wort, das Frauenbrüste in einen poetischen Ausdruck hüllt, unter dem man auch eine haarige Männerbrust vermuten kann. Vom Busen der Lollobrigida spricht ein Italiener mit beiden Händen. Wie auch immer: Ein richtiger Busenfreund ist jemand, der nicht durch einen saugenden Blick in die Sommerbluse seine libidinösen Regungen verrät, wenn er die Geständnisse der schönen Seele seiner Busenfreundin entgegennimmt. Er ist ihr ständig getreu ergebener Begleiter auf Reisen und auf Einkaufsbummeln, der Lückenbüßer, wenn an ihrer Tafel ein Mann zum Abendessen fehlt, der Hüter der Kinder, wenn sie ganz besonders unerträglich sind, der Auslüfter ihrer Hunde. Vor allem aber der Vertraute, dem sie alles, aber auch alles sagen, beichten, anvertrauen kann, was man gerne unter die Leute gebracht haben möchte. Mit einem Wort: ein seelischer Mülleimer mit vielfachen praktischen Verwendungsmöglichkeiten. Ein solcher Busenfreund heißt auf italienisch Cicisbèo. Der Cicisbèo ist der Damenwelt vorbehalten. Er war – und ist –, dieser wahre, echte, ethisch astreine Busenfreund, geradezu unentbehrlich. Wer als Dame etwas auf sich hält, hat mindestens einen Cicisbèo, und man unterscheide ihn wohl vom Liebhaber (oder Lover, wie's heute heißt).

In früheren Tagen, besonders im achtzehnten Jahrhundert, pflegten Damen unter ihren Cicisbèi einen in der geistlichen Tracht eines Abbé zu haben. Würde sich auch heute schick machen, leider sind die Abbés aus der Mode gekommen. Aber sie werden heute fast ebenso wirkungsvoll ersetzt. Auch nach außen ist unzweideutig festgelegt, daß diese Art von Busenfreund die Rolle des seelisch Nahen nicht in Hautnähe treiben darf. Fällt er gelegentlich aus dieser Rolle, so hat er die Pflicht zur Diskretion. Die hatte zwar – nach landläufigem Vorurteil – auch der Lover zu haben, aber die meisten Lover sind vorurteilsfrei. Offiziell jedenfalls ist der cicisbèische Busenfreund eigentlich ein Accessoire der Dame, wie im Rokoko der kleine Mohr unter ihrem Reifrock oder ihr Mops. Heute gehört er zu ihrer Eleganz wie die

Krokohandtasche von Hermès, ihre Fabergé-Puderdose oder ihr Zwergpudel. Er, der cicisbèische Busenfreund, ist darüber hinaus auch zu verwenden sowohl als Bindeglied und Zwischenträger zum Lover als auch zum verständnisvollen Gatten, er ist beiden unverdächtig, weil er sexuell neutral ist. Damit stellt er seiner Busenfreundin auch das ehrbare Zeugnis aus, daß sie des intimen Umgangs mit Männern fähig ist, ohne gleich allzu hastig in die physische Intimsphäre zu streben.

Kurzum: Ohne einen – mindestens einen! – Busenfreund dieser Art kommt die elegante Dame nicht aus, erst recht aber nicht der Backfisch mit all dem pubertären Seelengären dieses Zustands oder gar die alte Jungfer, in welcher diese Gärung sich zu einem Bodensatz besonders gefühlvoller Gefühle gelagert hat. Der Cicisbèo ist ausschließlich der Busenfreund, dem sie alles zutrauen und anvertrauen kann (was sie, wie bereits erwähnt, unter die Leute gebracht haben möchte), mit dem sie – wie es heißt – durch dick und dünn geht, den sie beständig um sich hat, mit dem sie kichert, tratscht, Freud und Leid teilt und den sie gegebenenfalls nur um so leichtherziger verrät, verleumdet und links liegenläßt. Er hat's verdient. Nur können, wie gesagt, auch Männer Busenfreunde männlicher Busenfreunde sein. Wie Schiller eben – leider nicht mit dem olympischen Goethe. Bedauerlicherweise haftet solchen männlichen Busenfreundschaften doch immer etwas sacht Tantenhaftes an. Männer wissen das nur zu genau.

Die maskuline Rauheit, deren sie sich in ihren Freundschaften befleißigen, entspringt ihrer panischen Angst, es könnte sich in die seelische Nähe doch die Schlange der Homoerotik einschleichen. Darum wählen die Männer gern zu ihren Busenfreunden sogenannte Freaks – nicht eben körperlich Verwachsene, dafür aber allerlei Schrullige, Kauzige und Kümmerliche.

Es sei denn, die Bindung sei in gleicher Augenhöhe durch die andere Art der Busenfreundschaft gegeben, wie bei Alberto und mir.

Boudoir

IN DER HERRLICHEN ENTWICKLUNG DER MENSCHHEIT zu immer höheren Höhen ist ein neuer Fortschritt zu verbuchen. Zu keiner anderen Zeit hat die Einrichtung von Häusern und Wohnungen so allgemeines Interesse auf sich gezogen wie heute. Eine Fülle von teuer ausgestatteten Zeitschriften, eitel Glanzpapier gespickt mit Anzeigen von Elite-Konsumgütern, beschäftigt sich ausschließlich mit dem, was – in gewisser Weise als ein Widerspruch in sich – „Innendekoration" heißt. Ein Widerspruch in sich, weil Dekoration Ausschmückung bedeutet; und ausgeschmückt kann eigentlich nur das Äußere werden. (Ums Innere kümmern sich die Gurus der verschiedenen Glaubensbekenntnisse.) Innendekoration ist also sozusagen die Ausstülpung eines geschmückten Inneren nach außen; und das ist es wohl auch, womit diese Fachzeitschriften sich befassen. Setzen Sie sich mit Freunden oder schlichthin Bekannten in einem Haus oder auch in einem Restaurant zusammen, so kommt das Gespräch unvermeidlich – ob lobend oder abfällig – auf die innendekoratorische Gestaltung des Raums, der Sie umgibt. Sie werden dabei entdecken, daß jedermann, vor allem aber jedefrau sehr dezidierte Ansichten äußert, die eine gründliche Beschäftigung mit dem Gegenstand verraten. Wer etwas auf sich hält, gibt sich mit der Ausstülpung geschmückter Innenräume nach außen ebenso passioniert ab wie mit dem Joggen, dem Hobby-Kochen, verschiedenen Schlankheits-Diäten und der Frage, wie lange der Intellektuelle Václav Havel der innewohnenden Perfidie der Politik widerstehen kann.

Mit einem Wort: Es handelt sich um einen Trend des Modischen. Und in der Tat sind jene Fachzeitschriften Modeblätter im eigentlichen Sinn. Sie beginnen, den Zeitschriften, die sich ausschließlich mit Kleidern befassen, den Rang abzulaufen. Und das hat einen Grund. Ein Status-Ausweis ist Kleidung heute nicht mehr. Anders ist das bei der Wohnung, beim Haus. Der Schritt über die Schwelle legt all das offen vor Augen: der Status, der lifestyle, das kulturelle Niveau, der Charakter der Bewohner werden einträglich sichtbar. Es ist, als wäre uns die Kleidung als Zeugnis der Persönlichkeit zu eng geworden; wir sprengen sie und stellen uns in einer weiteren Hülle dar – eine Art Phasenerweiterung wie die Befreiung eines Schmetterlings aus dem Stadium der Verpuppung (um es poetisch bildhaft darzustellen). Für diesen geistig erweiterten Zustand unseres Anzugs (also der auskunftgebenden Verpackung unseres gesellschaftlichen Auftretens in der Wohnung, in der wir leben) gibt es ein neues, dem neuen Umstand angemessenes Vokabular. Schon Status und lifestyle gehören dazu; und wollte ich mit diesen neuen Worten ausdrücken, was ich bis hier auf meine altertümliche Weise niedergeschrieben habe, so müßte ich sagen: Das Image der Persönlichkeit wird bestimmt durch ihr Ambiente.

Und das ist's, worauf ich hinaus will. Neue Zustände und Umstände schaffen neue Begriffe. Neue Begriffe drücken sich in neuen Wörtern aus (oder modeln alte Wörter zu neuem Gebrauch um). Leider aber ist es mit der Entwicklung der Menschheit so bestellt, daß jeglicher Fortschritt mit einem Rückschritt erkauft wird. Während neue Wörter für neue Begriffe aufkommen, geraten alte Wörter außer Gebrauch – und damit verschwinden die Begriffe, die sie dereinst bezeichnet haben. Im Begriffsfeld der Innenraumgestaltung klafft eine Lücke. Sie ist hinterlassen von einem Wort, das gänzlich außer Gebrauch gekommen ist; damit ist gleich auch ein Begriff verschwunden, und mit dem Begriff die Sache.

Ich spreche vom Boudoir. Weiß überhaupt noch jemand, was das ist? Ein Wohnraum in einem Hause, jawohl. Man stellt sich etwas Intimes, zugleich Üppiges vor. Das 18. Jahrhundert schiebt sich in die Phantasie: Kändler-Porzellanfigürchen in Rokoko-Vitrinen; am

zierlich gemeißelten Kaminsims hat ein Herr in Seidenfrack, Kniehosen und weißen Strümpfen, das Haupt umrahmt von einer Perücke, den Ellbogen aufgestützt, um eine Prise Schnupftabak aus einem goldenen Döschen zu nehmen. Dennoch ist es kein Raum für Männer. Herren befinden sich dort nur zu Besuch, selbst wenn einer der Hausherr ist. Das Boudoir ist der Raum der Dame. Und nun halte man sich vor Augen, was da mit einem Wort, mit einer einzigen, dem Französischen entlehnten Vokabel aus der Welt verschwunden ist.

Innenraumgestalter werden ihre Tränen zurückhalten. Sie können die Rokoko-Vitrinen und die zierlichen Polstermöbel, die Wandbespannungen und gerafften Vorhänge auch anderswo an- und unterbringen. Allerdings werden sie's niemals zur stilistischen Einheit bringen, wenn sie nicht hohle Theatereffekte erzielen wollen. Hier, im Boudoir, können sie sich nicht mit einem Mondrian an der Wand vor dem Vorwurf der banalen Imitation retten. Die kühne Zusammenstellung von nicht Zusammengehörigem, die auch in der Wohnungsdekoration die gängige Formel geworden ist (Barock-Kommode und Stahlrohrtisch, Mies-van-der-Rohe-Speisezimmergarnitur und Spitzweg an der Wand) zieht hier nicht. Das Boudoir ist der intimste Raum der Dame, es entspricht in seiner Einrichtung – eben mit seinen seidenbespannten Wänden, kunstvoll gerafften Vorhängen und beknopften und befransten Polstermöbeln – gewissermaßen der Unterwäsche der Frau des Hauses; und in der Unterwäsche stellt man sich nicht aus. Ein zeitgenössischer Kunstgegenstand, ein abstraktes Bild, zum Beispiel, sprengt schon das ganz und gar Intime – wie alle moderne Kunst will es provozieren.

Das Boudoir ist der Raum, in dem sie ihre Freundinnen empfängt, ihre Hutmacherin, zum Tee auch ihre Kinder, und gelegentlich einen engen männlichen Vertrauten, kaum jemals ihren Liebhaber. Von einer großen – das will heißen: sehr freigeistigen – Dame stammt das Wort: „Ich würde diesen Herrn vielleicht in meinem Bett empfangen, niemals in meinem Salon." Natürlich nicht: der Salon ist der Ort der Repräsentation, dort paßt auch der Mondrian hin, aber würde sie den anrüchigen Herrn in ihrem Boudoir empfangen? Möglicherweise doch: als Vorstufe zum Bett. Im Boudoir darf die Dame ihren Geschmack in der Wahl eines Pastell-Porträts oder auch eines kleinen Renoir verraten, ihre geistiges Niveau durch die Bücher, die sie gerade liest (auch nicht zu blaustrumpfig ausgesucht, wenn's geht). Darüber hinaus gibt sie sich nicht preis. Womit deutlich wird, daß ein Boudoir allen Tendenzen der gegenwärtigen Innenraumgestaltung widerspricht. Denn die zielen ja eben darauf, unser Haus, unsere Wohnung zum möglichst offenbarenden Ausdruck unserer Persönlichkeit zu machen (soweit wir eine haben; aber gerade das stellt sich ja untrüglich heraus). Zum Unterschied von der Dame (innerhalb und außerhalb des Boudoirs) wollen wir uns preisgeben, es liegt in der Tendenz unserer Zeit. Je mehr die Vermassung uns bedroht, um so mehr wünschen wir unsere Individualität zu betonen. Und so kommt es ja denn auch, daß es immer weniger Damen und fast gar keine Boudoirs mehr gibt. Nicht nur eine Lebensweise – ein lifestyle, würden wir heute sagen – geht verloren: die Welt des Müßiggangs, die Zurückhaltung und Diskretion, die Schonungsbedürftigkeit und Schonung; sondern es verschwindet damit gleich ein Menschentypus: mit der Dame nicht nur sie allein. Denn die Dame hat ihren männlichen Gegenspieler: den Kavalier. Es mag von beiden, von der Dame sowohl wie auch vom Kavalier, noch einige Exemplare in freier Wildbahn geben; im allgemeinen gehören sie einer aussterbenden Gattung an. Man kann das aus dieser oder jener Sicht bedauern oder begrüßen.

Aber das Boudoir kann nicht mehr gerettet werden. Und das ist ein Jammer. Diese Art Schatulle all der weiblichen Qualitäten, die zwar außerhalb der Wertskala der Feministinnen liegen, aber um so höher eingeschätzt werden von Kindern, Modistinnen, Schoßhunden und gefühlvollen Männern, dieses Buen Retiro der Faulen, der Genießenden, die gern auf Sofas liegen und Konfekt essen, sollte nicht aus der Welt verschwinden. Es ist ein Verlust, der nicht aufgewogen werden kann mit den allersmartesten Wohnküchen, die vor allem französische Innenraumgestalter anzubieten haben – eben sie, die Nachkommen der Erfinder der Boudoirs! Die Welt ist ärmer ohne jenen ganz intimen Raum, in den die Frau des Hauses mit den besten hausfraulichen Eigenschaften sich zurückziehen kann, um eben ganz und gar nur Frau zu sein. Verwöhnte Frau, meinethalben, aber dafür nur um so liebenswertere Frau. Eingekapselt in ihre Polstermöbel, seidenbespannten Wände mit den kleinen Impressionisten und garnierten Vorhängen wie eben in den teuren Konditorschachteln das Konfekt, das sie vernascht – im trotzigen Widerspruch gegen den kategorischen Imperativ, der selbst auf die Ernährung übergegriffen hat.

Was Frauen anziehen

Für kulturell angehobenes seichtes Kamingeplaudere gibt es kaum ein ergiebigeres Thema als die Frage: Für wen ziehen Frauen sich an? Für sich selbst oder für die anderen? Um Männer zu verführen? Um mit ihrem Auftreten ihrer Eitelkeit zu frönen? Um aufzufallen, gefällig in der Welt zu stehen? Um andere Frauen herauszufordern, zu überbieten, zu reizen, zu demütigen? Oder aus einer narzißtischen Lust an der eigenen Erscheinung? Die mutmaßlichen Motive, Ursachen, Gründe und Anlässe sind zahllos und mindestens ebenso verschiedenartig wie diejenigen, für welche Frauen sich ausziehen. Ich bin ein Mann, kann also nur Vermutungen sowohl fürs eine wie fürs andere aufstellen. Frauen äußern sich darüber mit dem nachsichtigen Lächeln, das andeutet, es könne doch nur ein so schwachsinniges Wesen wie ein Mann nicht wissen, daß es sich in jedem Fall um ein Motivbündel handelt, bei dem je nach der individuellen Beschaffenheit der Frau, die sich da an- und auszieht, jeweils eins oder das andere der Motive dominiert. Also daß Lotte Meier sich wie ein Zirkusäffchen kleidet, weil sie natürlich gefallen, auffallen, Jochen Schmidt verführen und Erna Müller ärgern will, hauptsächlich aber, weil sie klein und pausbäckig ist und meint, der Püppchenstil kleide sie am besten; während ihre enge Freundin Erna in Gewändern einherschreitet wie Iphigenie auf Aulis, weil sie das Gefühl hat, die Welt habe nicht gebührliche Einsicht in die Tiefen ihres Seelenlebens gewonnen und es gäbe, um das auszugleichen, kein besseres Mittel als alle diejenigen ihrer Geschlechtsgenossinnen zu beschämen, die durch ihr obszönes Auftreten im hautengen Miniröckchen und Büstenformern wie Schlachtschiffsporne nichts anderes im Sinn haben, als die geile Brunst hirnloser Mannstiere zu provozieren; überdies aber auch, weil sie, Erna Müller, empfindet, daß der Linienfluß ihrer Kunstkeramikerinnenroben demjenigen ihres Gemütswerts entspricht. Indes, mit solcherlei Ausdeutungen begeben wir uns ins Labyrinth der Psychologie – ein Irrgarten, in welchem Laien sich nicht tummeln sollten: nichts verführt zu saftigeren Dummheiten als hausgemachte Seelenpopelei. Denn wenn es auch lockt, das heikle Ineinanderspiel von Minderwertigkeits- und Überheblichkeitskomplexen aufzudröseln, das Erna Müller veranlaßt, goldspangige Sandalen den Bleistiftstöckelschuhen der Madonna-Imitatorinnen vorzuziehen; oder, nach der Freudschen Schule, nachzuweisen, daß Lotte Meiers Infantilismus auch in der Kleidung auf ein Trauma zurückzuführen sei, das ihr als Sechsjähriger auf dem Schoß eines Onkelchens mit angegrauten Schläfen zugeführt wurde, was wäre damit gewonnen? Es käme doch wieder nur die simple Feststellung heraus, daß die Pfade unserer Psyche verworren sind und wir uns nicht wundern sollen, wenn sie zu merkwürdigen Blüten führen, die schon unserer äußeren Erscheinung abzulesen sind.

Um unserem Kamingeplaudere intellektuellen Tiefgang zu geben, bieten sich andere Möglichkeiten an. Zum Beispiel das Eintauchen in die Dunkelsphären der Anthropologie: Welche Not veranlaßte den Menschen als einzige zoologische Gattung aus der Natur ringsumher sich Dinge auszuborgen, mit denen er nicht nur seines Leibes Blöße bedeckt, sondern auch das ersetzt, was ihm zum Imponiergehaben vor Feinden und Gegenständen sexueller Werbung fehlt: Federschmuck oder Mähne, Stacheln oder pavianrote Arschbacken. Die Antwort ist schon mit der Frage gegeben: Des Menschen Nacktheit treibt ihn dazu. Seine wurmartige Schutzlosigkeit. Ohne Kleidung ist er dem Unbill der Witterung ausgeliefert. Ohne irgend etwas Furcht Einflössendes seinen Feinden. Ohne irgendwas Verführerisches, Ablenkendes, Beschwörendes wendete die umworbene Schöne ihm nicht etwa den Rücken (was ihm doch Gelegenheit gäbe, das zu tun, was er gern möchte), sondern ihr böse fauchendes Antlitz zu. Gut und schön, das

alles liegt auf der Hand. Aber genügte nicht fürs eine eine Büffelhaut oder, wie bei Herakles, ein schmuckes Löwenfell und für das andere eine Blume hinterm Ohr? Was erklärt die ungeheuerliche Phantasie, die von der Menschheit im Laufe der Jahrzehntausende in dieser Hinsicht entwickelt wurde: die immer abstraktere Formwucherung unserer Kleidung? Angenommen, es schriebe einer einen kulturgeschichtlichen Wälzer des Titels „Vom Feigenblatt zu Coco Chanel" – wäre er imstande, diese oder jene modische Erfindung (etwa die der mittelalterlichen Schaube oder der Krinoline) bis in ihre menschheitsgeschichtlichen Ur-Ursprünge zurückzuverfolgen und als Ergebnisse einer konsequenten Entwicklung hinzustellen? Oder müßte er zugeben, daß da doch sehr viel Irrationales, Unerklärliches vorliegt: eine Spielfreudigkeit des Menschengeists, die ihm (wie übrigens alles andere an ihm auch) immer weiter von seinen natürlichen Wurzeln entfernt? Könnte es darum nicht sein, daß Lotte Meier und Erna Müller gleicherweise zunächst nichts anderes im Sinn haben, wenn sie sich kleiden, als schlichthin Freude an der Kleidung selbst? Daß sie mitsamt ihren Komplexen und Traumata sich selbst im Hintergrund halten und ihre Kleidung anlegen wie die ausschneidbaren Vorlagen aus einem Bilderbogen an die Schablonen der Figuren? Von den Frauen allerhöchster, ausgeklügeltster Eleganz wie etwa Marella Agnelli weiß ich, daß sie ebensoviel Spaß daran hätten, eine andere anzuziehen wie sich selbst – nur sind sie klug genug zu wissen, daß nicht jeder alles gleicherweise steht.

Wie gesagt: ich bin ein Mann und sollte mir nicht kennerhaft anmaßen, darüber zu schwätzen, aus welchen Gründen Frauen sich anziehen. Durch die Jahrtausende bis vor kurzem – gestern erst: mit dem Ende des achtzehnten Jahrhunderts – waren es die Männer, deren Spieltrieb das Phantastische (und immer Abstraktere) in die Kleidung gebracht hat. Man muß nicht unbedingt die Feststellung Nietzsches zitieren, daß mit der Neuzeit nach der Französischen Revolution die

Männerwelt noch gerade genug schöpferische Kraft aufgebracht habe, den Frack zu erfinden, danach sei's mit der Führung auch in dieser Hinsicht aus gewesen. Tatsache ist, daß die Frauen bis dahin im ziemlich farblosen Hintergrund gestanden sind, seither aber ruckartig aufgeholt haben, was die Männer ihnen von der Steinzeit an voraus hatten. Dem scheint zwar der Umstand zu widersprechen, daß es auch heute noch in erster Linie Männer sind, die den Schnitt, die Form, die Linienführung, die Wahl der Farbe und Textilien von Frauenkleidern bestimmen – zugegeben: in den allermeisten Fällen effeminierte Männer, aber doch Männer mit einem erzmännlichen Sinn fürs welterobernde Geschäftliche. Und wenn mir meine feministischen Freundinnen entgegenhalten, auch Frauen könnten diesen kühnen Unternehmergeist entwickeln, so müßte ich bei allem Respekt vor Damen wie Coco Chanel und Jil Sander doch darauf hinweisen, es dürfte in solchen rühmlichen Ausnahmefällen ja doch vielleicht ein Vorwiegen maskuliner Charakterzüge angenommen werden. Wie auch immer, eines ist gewiß: Der Spieltrieb ist Frauen ebenso eingeboren wie Männern, und es sind sicherlich die gleichen Urmotive, Bedingungen und Umstände, die ihm die Richtung weisen. Ebenso unbezweifelbar ist, daß dabei das schlichte Wörtchen „man“ eine entscheidende Rolle spielt.

Damit bietet sich eine unvergleichlich günstige Gelegenheit, mit unserem Thema schöngeistig auszuschwärmen. Was bedeutet dieses Wörtchen „man“, das – nebenbei – zunehmend aus dem gängigen Sprachgebrauch verschwindet? Im Französischen entspricht ihm das gleicherweise anonyme „on“. Aber schon im Englischen fehlt es. Es scheint dort nicht die Abstraktion des Kollektivs zu geben, das dem einzelnen die Haltung, das Benehmen vorschreibt – etwas wie eine öffentliche Meinung, die Regeln setzt, Gebote und Verbote aufstellt. Der einzelne scheint unabhängig zu entscheiden. Aus dem anonymen „man“ oder „on“ wird das individuelle „one“. Sagt man auf deutsch:

„*Man* bohrt nicht in der Nase“, so will das heißen, daß jemand mit einem Minimum an Erziehung so etwas mit Rücksicht auf die Umwelt nicht tut. Auf Französisch gilt dasselbe: „*On* ne se fourre pas le dougt dans le nez“ weist darauf hin, daß „man“ („on“) sich an eine irgendwann einmal vom Kollektiv aufgestellte Regel zu halten habe. Im Englischen lautet das Verbot: „*One* doesn't pick one's nose!“ – was einen, wiewohl offenbar nicht einzigen, Nasenpopler geradezu persönlich anspricht. Indes wird möglichst zur Verdeutlichung seiner Verpflichtungen gegen die Allgemeinheit hinzugefügt: „It isn't done!“ *Man* tut es nicht. Das Kollektiv ist aus einzelnen gebildet, deren Individualität es nicht auslöscht. So jedenfalls im Englischen. Ich weiß nicht, wie sich das im Chinesischen verhält, und es wäre hochinteressant, auch das zu wissen. Aber ich hatte auch nicht vor, mit Hilfe von vergleichender Sprachwissenschaft in völkerpsychologische Betrachtungen auszuufern. Ich halte mich streng an unser Thema; und was die Frage nach den Motiven betrifft, die uns zur überlegten, oft geradezu peinlich gewissenhaften und (wie bei Madame Agnelli) mit Künstlerhand ausgeführten Wahl unserer Kleidung bewegen, so sei festgestellt, daß dabei doch immer der Hinblick aufs „man“ der Ausgang ist. Ob bewußt oder unbewußt, in braver Folgsamkeit oder im absichtlichen Protest, es liegt doch jeglicher Art sich zu kleiden zunächst die Überlegung zugrunde, was „man“ dazu sagen wird. Immer und in jedem Fall (und abgesehen von allen anderen Motiven, die noch hinzukommen) wird die Hand, die nach einer Strumpfhose oder einer Krawatte greift, von der Vorstellung geleitet, ob „man“ darüber erstaunen, sich verwundern, vor Entzücken jauchzen oder vor Bewunderung verstummen oder aber sich empören, sich herausgefordert und beleidigt fühlen wird. Zugegeben, die Zahl der Gleichgültigen ist groß, und wie es in der Bibel heißt, daß Gott die Lauen ausspeien wird aus seinem Munde, so werden auch sie aus den Gnaden der Kleiderbewußten ausgestoßen. Aber auch sie sollen mir nicht erzählen, sie dächten überhaupt nicht daran, was sie auf dem Leibe haben. Immer noch wird einer zögern, sich zu Lederhosen anstatt der Trachtenstülpe, die „man“ dazu trägt, sich einen Zylinder aufzusetzen; und erst recht die Punk-Jugendliche, Tochter aus Hippie-Vater und Emanze, die sich den roten Pavianarsch unter die grünen Haare schminkt, beweist mit dieser Provokation, daß sie die Herrschaft des „man“ als unerträglich empfindet – also als vorhanden anerkennt. Der Spielraum der Motive, die unserer Kleidung Charakter geben, liegt innerhalb der Skala der Duldsamkeit des „man“. Er reicht vom Kadavergehorsam des „korrekten Anzugs“ über Erna Müllers kunstgewerblich schöngeistige „persönliche Note“ und dem koketten Konformismus im stilgerechten Riß im Hosenbein der Schickeria-Blüte bis hin zum Voodoo-Aufzug der Diskothekfrequentanten.

Und wo wäre denn auch der Spaß für Frauen sowohl wie auch für uns Männer, wenn wir nicht mit unserer Kleidung eben jene Regungen zur Schau stellen wollten, die uns zu ihrer Wahl bestimmen. Gewiß, wir ziehen uns für uns selber an, aus Spielfreude an den Möglichkeiten des Modischen; auch, um zu verführen, um unserer Eitelkeit zu frönen oder weiß der Himmel was noch für Einfällen, Anlässen, Hinblicken, Meinungen, Überzeugungen. Die Entwicklung vom Feigenblatt zu Coco Chanel und Yves Saint Laurent entspricht der Entwicklung der Sprache. Vom Stammeln des Analphabeten bis zum Dichter wird ebensoviel oder ebensowenig ausgedrückt wie durch ein Halstuch oder den Büstenhalter Maidenform. Essentielleres, jedenfalls: durchs letztere.

Herumgezupfe an Männern

ICH BIN MIR SELBER NICHT SYMPATHISCH GENUG, um ohne seelischen Schaden unablässig auf meine Mängel aufmerksam gemacht zu werden. Deren sind zu viele. Selbst wenn die Mahnung daran zart und mit äußerstem Takt erfolgt („Junge, du hast vielleicht wieder Speck angesetzt!"), möchte ich nur sehr ungern an mein schlampiges Aussehen, mein tölpelhaftes Auftreten, unsinniges Gerede und so weiter erinnert werden. Es fördert in mir das, was die Laienpsychologie „Komplexe" nennt. Sie wirken sich bei mir abstoßend aus. Ich hasse die Hand – die kleine, weiße, wohlgeformte, lustvoll beringte Hand, die da bestimmt sein sollte, sich zärtlich um meine Wangen zu schmiegen und sanft durch mein Silberhaar zu streichen – ich hasse sie, wenn sie mir die Krawatte scharf zurechtzurrt, mein Anstecktuch gefälliger aus meiner Brusttasche holt oder mir sehr schmerzhaft ein zu langes Haar aus den Augenbrauen zupft. Ich hasse die Stimme – die süße Stimme, die ich hören möchte, wie sie mir gleich einem Taubengurren zuraunt: „Du bist wundervoll! Ich liebe dich!" – ich hasse sie, wenn sie irritiert sagt: „Du bist schon wieder schlecht rasiert!" oder: „Wenn du dich gestern Abend hättest selber hören können – den haarsträubenden Blödsinn, den du dieser widerwärtigen Blonden mit dem Silikonbusen erzählt hast ..."

Menschen, die mich durch Jahrzehnte auf meinem Lebensweg begleitet haben, werden es bezeugen: Ich bin ein gutartiger Kerl und nehme Korrekturen und selbst scharfe Kritik, soweit sie wohlgemeint sind, demütig geduckt, und soweit sie bösartig gemeint sind, mit einem sauren Lächeln und nur lahmen Rachegedanken hin. Den Nachbarn in der Elektrischen, der mir zuflüstert: „Entschuldigen Sie: Sie haben einen kleinen Toilettefehler", um mich aufmerksam zu machen,

daß mein Hosenschlitz klaffend offen steht, fauch' ich nicht an: „Wohin richten Sie Ihre Augen, Mann?!" Nein, ich bedanke mich errötend. Aber die Frau, die ich mit so heimlich zehrender Leidenschaft liebe, sie bringt mich in Wut und Verzweiflung, wenn sie fortgesetzt an mir zerrt und rupft und zupft und richtet und zurechtrüttelt und schließlich, wenn ich sie küssen will, den Kopf abwendet und stöhnt: „Du hast schon wieder Knoblauch gegessen!"

Es hilft nichts, daß sie meine ohnmächtigen Zornausbrüche zu beschwichtigen versucht, indem sie mich in die Arme nimmt und sagt: „Dummerchen, das sind doch Liebesbeweise von deinem Schnecki. Ich verbessere dich doch nur, weil ich stolz auf mein Fritzliputzli sein will. Ich will dich eben ganz perfekt." Vergebens. Ich reagiere unmenschlich. Etwas geht in mir vor, was stärker ist als meine tiefe Einsicht ins Menschenherz, stärker als die maßvolle Gefühlskontrolle, die mein kühler Verstand gewöhnlich ausübt. Was die Frau meiner Träume (und Angstträume) mir antut, ist die sublimste Weise der Entmannung. Sie macht mich wieder zum Kinde. Ich spüre meine Hosen und deren Inhalt schrumpfen, fühle mich wieder an der Hand und unter der Fuchtel einer Gouvernante, endgültig kleingekriegt von der erdrückendsten der Mütter: der Domina mit Perfektionsansprüchen. Daß ich sie durch all die Leidensjahre ertragen habe, dürfte einer gleicherweise sublimen Art von Masochismus zu verdanken sein! Ich schlucke meinen Groll hinunter, so gut ich kann, und nehme mit zunehmender Bosheit wahr, wie mein Charakter sich verschlechtert.

Ich werde heimtückisch. Ich könnte nach den Lehren von Clausewitz aus der Verteidigung zum Angriff übergehen. Möglichkeiten dazu bieten sich. Wer schraubt niemals die sprichwörtliche Zahnpastentube zu? Wer ist außerstande, eine Tür zu schließen, eine herausgezogene Schublade wieder zuzuschieben? Wer vergißt, am Wagen die Scheinwerfer abzuschalten, so daß morgen die Batterie leer ist? Nicht ich, jedenfalls. Aber ich wäre schön dumm, wenn ich's wagte, solche „Kleinigkeiten“ zu bemängeln. („Hast du nichts Besseres zu tun, als ewig an mir herumzunörgeln?“) Sehen wir davon ab, daß diese „Kleinigkeiten“ sich seit drei Jahrzehnten regelmäßig wiederholen. Ich halte also weislich meinen Schnabel und warte meine Stunde ab. Ich löse abends, wenn sie tagsüber gefahren ist, die Kontaktdrähte zum Starter; steige morgens, wenn sie's recht eilig hat, mit ihr in den Wagen, drehe den Zündschlüssel mehrmals ins Leere und sage befriedigt: „Da haben wir's wieder einmal ... Schon gut, schon gut, ich sage ja nichts. Ich stelle bloß fest: Da haben's wir wieder einmal. Du wirst wohl leider ein Taxi nehmen müssen, das du dir, bitte, selber bezahlst.“

Großen Spaß verschafft mir auch das Folgende: Ich öffne unbemerkt alle Türen, die sie zufällig einmal geschlossen hat, ziehe jede Schublade heraus und mache mich dann vor Zeugen mit einem Seufzer mühsam beherrschter Ungeduld ans Schließen und Zuschieben. Meine Erziehungsmethoden sind eben raffinierter. Nur leider gänzlich erfolglos. Dafür komme ich nur um so rücksichtsloser in die Mangel.

Zugegeben, ich kriege eine Glatze. Aber ist das ein Anlaß, mir das Haar knapp über dem linken Ohr quer über den ganzen Schädel zu kämmen und darauf zu bestehen, daß ich mich so unter Jugendlichen zeige? Muß ich unbedingt einen Blazer mit sechsunddreißig Goldknöpfen tragen, wenn mir doch gescheckte Jacken viel besser stehen? Bitte sehr, ich weiß, ich esse fahrig. Mein Morgenei, zum Beispiel, kann ich nicht außerhalb der Badewanne zu mir nehmen, anders bin ich von oben bis unten mit Dotter bekleckert. Spaghetti wirbeln mir von der Gabel und senden einen Sprühregen von Öltropfen über Krawatte und Hemdbrust. Suppe schmeckt mir erst gut, wenn ich sie geräuschvoll vom Löffel schlürfe. Aber der Tonfall, mit dem ein mahnendes „Gregor!“ mich zur Ordnung ruft, enthält eine Anklage, die mein Schuldgefühl bis zum erdrückenden Bewußtsein der Erbsünde steigert.

Das tut meinem Selbstgefühl Abbruch. Zu meinen üblen Eigenschaften gesellt sich der Neid. Ich hasse schlampige Frauen. Aber ich beneide manche Männer, deren Lebensgefährtinnen mit offenem Haar und schwingenden Brüsten unter den Kunstgewerblerinnenkleidern ihre Kerle in Joggerschuhen und mit drei Tage alten Bärten in Bierschwemmen begleiten und laut zu ihren Rülpsern lachen. Schlimmer noch. Ich beneide die Männer, die ihre Weiber so sehr in Ehrfurcht und Bangen halten, daß ein strenger Blick genügt, sie zitternd in ihre Winkel zu scheuchen. Niemals würde es eine von ihnen wagen, ihren Herrn und Gebieter zu ermahnen, daß er schwarzgeränderte Fingernägel hat. Ich wiederhole: Männliche Toleranz hat ihre Grenzen. Ich möchte so unperfekt sein dürfen, wie ich eben bin. Ich möchte ungestraft auf die Blondine mit dem Silikonbusen so lange einreden dürfen, bis sie mit einem Taubengurren sagt: „Du bist wundervoll. Ich liebe dich!“

Kosenamen

UM DIE WENDE DES JAHRHUNDERTS und noch in dessen erste Jahrzehnte hinein war ein Couplet aus der Operette „Die lustige Witwe“ populär: „Jetzt geh’ ich ins Maxim / dort bin ich sehr intim / dort kenn’ ich alle Damen / nenn’ sie beim Kosenamen.“ Darauf folgte eine Liste zärtlich-pikanter Rufnamen für Halbweltdamen. Der Kavalier im Frack mit weißen Glacéhandschuhen, der dies trällerte, hätte diese Liste aus der Halbwelt des Maxim über die große Welt der High-Society hinaus erweitern können, z. B. in die österreichische Hocharistokratie, wo kaum ein Mensch so genannt wird, wie er heißt und getauft worden ist, obwohl dort jedem einzelnen mindestens ein Dutzend Vornamen, geliefert von hochmögenden Paten, Familienheiligen und Schutzpatronen zur Verfügung stehen. Das hat seinen guten Grund. Die hohe Aristokratie ist eine riesige Familie, zwischen den Angehörigen herrscht ein familiärer Ton, und so ist es unvermeidlich, daß Gewohnheiten und Launigkeiten aus der Kinderstube ins spätere Leben verschleppt und von der näheren Umgebung aufgegriffen werden. Vornamen wie Hyazintha-Josepha, Franziska-Josepha oder Heinrich-Erasmus-Maximilian Franz von Sales-Johann-Nepomuk sind im Kindermund sperrig. Ein Dreijähriger, der eben zu plappern anfängt, hat eben Schwierigkeiten, sie auszusprechen. Es kommt fast unvermeidlich zu herzigen Verballhornungen, die sozusagen die „Siegel“ der ursprünglichen Namen sind und sich dann gleich als Vereinfachungen anbieten, wie im Fall von Hamazefi oder Prinz Heimomaxi (gelegentlich auch Pucker genannt).

Wir sehen also, es geschieht – zum Unterschied von Halbweltsdamen – keineswegs aus Frivolität, wenn eine Gräfin Putzi oder Frou-Frou genannt wird, und hat auch nichts von der Sentimentalität, mit welcher Rentnerswitwen ihre struppigen Lieblinge Flocki oder Purzel rufen (Hundenamen werden im Hochadel sehr ernst genommen und mit äußerster Korrektheit ausgesprochen). Auch wirken die Zusammenziehungen, zumal wenn sie sich abstrus anhören, gewissermaßen durchgeistigter als die Stereotypen Mischa, Grischa, Sascha und Aljoscha, mit denen die Russen zärtlichen Affekt ausdrücken, wenn sie von Michail, Grigori oder Alexander reden – nebenbei ein Umstand, der die Lektüre von Dostojewski ungemein erschwert.

Auch die Angelsachsen kennen derlei stereotypische Familianisierungen, wenngleich, entsprechend ihrem nüchternen Wesen, auf burschikosere Weise: aus Robert wird fast automatisch Bob, aus Richard Dick, aus James Jim usw. Und weil wir schon bei Nationen sind: Die Franzosen kennen kaum eine Zärtlichkeitsform von Eigennamen, bestenfalls wird Jacques zu Jacquet, aber schon Jacqueline ist reiner Name, Brigitte bleibt Brigitte, und will man ihr Wohlgewogenheit beweisen, so setzt man davor „meine kleine", ma petite Brigitte; und freilich kann man auch sagen: mon petit Jacques, allerdings kaum, wenn er über fünfzig und Generaldirektor ist. Unter Liebenden und Ehepartnern bedient man sich verbindlich bzw. unverbindlich des Kosenamens Chéri. Befremdlicherweise jedoch ist die zärtlichste Anrede die mit dem Namen des gegenwärtigen deutschen Bundeskanzlers: mon chou – mein Kohl. Gesteigert kann das wieder nur werden mit: mein kleiner Kohl – mon petit chou. Das spricht beredt für die Neigung der Franzosen zu kulinarischen Genüssen. Die Italiener dagegen folgen dem einfachen Prinzip, an einen Namen je nach Geschlecht ein „ina" oder „ino" anzuhängen. Peppino liebt seine Giuseppina, und wenn Giuseppina besonders zärtlich gestimmt ist, vergrößert sie den zum Peppino verkleinerten Giuseppe zum überdimensionalen Peppone.

Es dürfte nicht nötig sein, einen gelernten Psychologen zu bemühen, daß er uns zu den psychischen Ursachen der Verwendung des Diminutivs als Zärtlichkeitsausdruck führe. Was klein ist, schreckt

uns nicht. Mit Ausnahme von Kröten oder Giftspinnen empfinden wir für Kleines Sympathie. Verkleinerung ist Verniedlichung, spielt auf das Hilflose, auf Kinder und junge Tiere an, weckt in uns den Impuls zu schützen, zu umarmen, zu wärmen und zu wiegen. Die eigene Kindheit wird wieder wach, und weil nicht nur Hocharistokraten dereinst Kinder waren, wimmelt es in unserer Welt von Hildchen und Trudchen, Horstchen und Kläuschen. Sie merken: ein angehängtes „chen" verkleinert und verzärtelt, und ähnlich wirkt ein angehängtes „lein", wie bei Hertalein und Harrylein. Noch wirkungsvoller aber wirkt ein „i" bzw. im süddeutschen Idiom ein „erl", so daß dem Lottchen und dem Egonlein sich die Gusti, der Kurti sowie das Lenerl und der Herbertl zugesellen. Eine besondere Koseform wird dann durch eine Kombination von beiden erzielt, und wer Sophieli oder Ottoli heißt, kann darauf zählen, daß ihm allein bei dieser Nennung die Sympathie von Leuten, die ihn gar nicht kennen, a priori zufliegt.

Dem gegenüber steht jedoch die Möglichkeit, menschliche Nähe durch neckende Vergrößerungen gewisser Eigenschaften herzustellen, z. B. in der Anrede „meine Dicke" oder „mein Langer". Desgleichen sind Tiernamen wie „mein Hase" oder „mein Bär" von gewinnendem Effekt, und wird die Dicke gar zu „Dickie" und der Bär zu „Bärli", das Häschen zum „Hasi" oder gar gleich zum „Hasilein", so schwimmt man bald in einer Umgangssentimentalität, die um so erschwinglicher ist, je gedankenloser sie ausgegeben wird. Ein seelisches Kleingeld sozusagen, mit dem man auf billigste Weise Sympathien aussät und erntet. Das wirkt einträglich auch im alltäglichsten zwischenmenschlichen Verkehr.

Man kann sich damit ja aus Verlegenheiten helfen. Wer von uns hätte nicht im Blick von Fräulein Meier, deren Name uns entfallen war und die wir darum „Schätzchen" nannten, ein herzerwärmtes Aufleuchten wahrgenommen. Ob es von gleicher Wirkung ist, einen Verkehrspolizisten „Brummelchen" zu nennen, bleibt dahingestellt, ich rate davon ab.

Eine weniger gefühlsbetonte Art der Kosenamen sind Spitznamen. Sie werden meistens vom Kollektiv der uns Umgebenden verliehen:

Irgendwer findet die Bezeichnung für ein Charakteristikum der zu benennenden Person, oder er erfindet dafür eine Metapher, setzt sie ihr als Merkmal auf. Das wird von den anderen aufgegriffen, hängt dann an ihm oder an ihr bis ans Lebensende. Selbst wenn die Eigenschaft, die den Spitznamen hervorgerufen hat, längst nicht mehr vorliegt. So kommt es, daß man sich verwundert fragt, warum die weißhaarige würdige Matrone mit dem strengen Blick der Sternkreuzordensdame „der Wanderpokal" genannt wird: Es erklärt sich daraus, daß ihre Vorgeschichte anders verlaufen ist, als ihr gegenwärtiges Auftreten und Aussehen es vermuten lassen; aber das muß man wissen. Überhaupt sind Spitz- und Kosenamen ans Lebensalter gebunden. Es wirkt lächerlich, wenn ein Paar, dem man bestenfalls die zärtliche Bezeichnung „Omi" und „Opi" zuerkennen würde, „die Babies" genannt wird. Als ehrwürdig gelten dagegen die liebevollen Namen, die der Volksmund irgendeinem Mahnmal der Stadt oder einer allbekannten Figur verleiht, z. B. in Berlin dem legendären Eckensteher „Nante" oder in Wien „Steffl" für den über alle Dächer ragenden Turm des Stephansdoms. Spitznamen können zu Ehrennamen werden, wie der für eine Heldin aus dem spanischen Bürgerkrieg, „Passionara".

Natürlich ist's die Liebe, die sich die schönsten Kosenamen erfindet – ich sage: sich erfindet, weil diese Namen fürs eigene Gefühl bestimmt sind, es nicht nur ausdrücken, sondern auch nähren wollen. Der Erfindungsgabe ist dabei keine Grenze gesetzt. Man kann poetisch werden wie ein orientalischer Märchenerzähler und die Geliebte „du Mondscheinübergossene" nennen oder den Geliebten „Cellospieler meiner Lust", oder man greift zu prosaischeren Epitheta wie „Zuckerpüppchen" oder „meine Beischlafmütze". Erträglich ist das alles doch nur mit einer Prise Ironie.

Von Liebe und Greisen

WAS MACHT EINEN GREIS EROTISCH ANZIEHEND? Oder, besser gefragt: Was muß ein alter Mann tun, sein oder haben, damit Frauen von ihm sagen: „Der Alte ist eine Sünde wert"? Es ist also hier nicht die Rede vom berüchtigten „Herrn mit den angegrauten Schläfen", sondern von tatsächlich Alten an der Schwelle ihrer Lebensgrenze, denen das schneeweiße Haar beim Scheitel gelichtet anliegt, dafür umso üppiger aus Ohren und Nasenlöchern und anderen Körperöffnungen wuchert. Kommen sie für ein erotisches Handgemenge (und mehr) – noch in Betracht? Unter welchen Bedingungen?

Ein Mann über sechzig hat die Pflicht, sein Äußeres (auch unter der Wäsche, wo man's nicht gleich sieht) mit größter Sorgfalt zu pflegen. Der Ruf danach ist einhellig aus Frauenmund. Und das ist bezeichnend. Denn bemerkenswerterweise wird peinlichste Sauberkeit von der Damenwelt nicht unbedingt gefordert, wenn's um ein erotisches Aufeinandertreffen innerhalb der normalen Altersgrenzen geht. Ein rüstiger Siebziger mit Dreitagebart erweckt jedoch nicht die gleichen Träumereien. Das Gegenteil indes schlägt seelische Schwingungen an, die beinah gleicherweise unters Zwerchfell gehen wie der Traum vom Partisanen. Eine der von uns Befragten sprach mit Sternen in den Augen von ihrem Großpapa: Er sei so wundervoll gepflegt gewesen, daß der Raum, in den er eintrat, sich mit einer Aura füllte, als hätte man die Fenster zu einer Blumenwiese hin geöffnet.

Was ist es nun, das Jugendliche so gern auf Männerschöße klettern läßt? Allgemein gesprochen, erweitert sich im Alter der Fächer von Reizen, die einem weiblichen Wesen den Sprung über die Generationen erleichtern können, ebenso aber auch die Vielfalt der Möglichkeiten abzustoßen. Bedauerlicherweise spielen im Sexuellen auch Haut

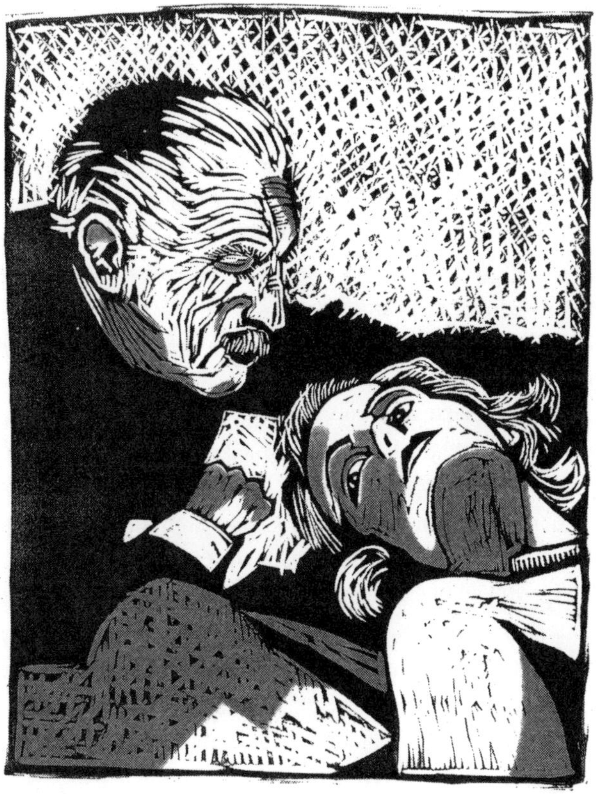

und nicht nur Haar eine Rolle, also die Elastizität des Fleisches, und die nimmt bekanntlich bei fortschreitendem Alter ab. Ein Charakterkopf im Faltenwurf einer interessanten Lebensgeschichte ist zweifellos anziehend wie phantasieanregend. Aber wie gesagt: das Fleisch. Es wird im Alter brüchig. Ich muß gestehen, daß erotische Begegnungen mit Damen über vierzig, als ich achtzehn war, mir noch heute in der Erinnerung Schauer über den Rücken laufen lassen. Und ich kann nicht umhin, mir vorzustellen, daß eine Zweiundzwanzigjährige, die mit einem Siebzigjährigen zwischen den Laken liegt, ähnliche Empfindungen hegt. Aber dem scheint nicht so zu sein. Es liegt vermutlich auch hier einer der Unterschiede zwischen der männlichen und der weiblichen Psyche vor, die Feministinnen leugnen wollen. Während ich in meiner Torheit als Achtzehnjähriger nicht imstande war, in einer Frau etwas anderes zu sehen als das sogenannte Lustobjekt – also ein Stück Fleisch von möglichst bester Qualität –, hat ein zweiundzwanzigjähriges Mädchen schon alle Weihen der Mütterlichkeit. Der Greis in ihren Armen weckt den Instinkt der Pflegerin in ihr. Ihr Schoß nimmt ihn in Obhut. Das wird offenbar in Antworten, die auf die Frage nach den geistigen Qualitäten geliebter Greise von deren Liebhaberinnen gegeben werden. Wiederum einhellig heißt es: Er muß jung geblieben sein. Gemeint ist damit nicht nur die geistige Elastizität: Wachheit, Neugier, Energie, Sinn für Humor, für Komik, Großzügigkeit. Diese Eigenschaften sind individuell, und der Wunsch nach dem jung gebliebenen Greis zielt auf etwas Generelles, nämlich geradewegs aufs Kind. Das Kind im Manne soll auch in hohem Alter erhalten bleiben: das Hingebungsvolle und das Spielerische, das Hilflose und das eigensüchtig Fordernde, das nicht Verbildete, nicht in der Konvention Erstarrte und so weiter (Bettnässerei wird allerdings nicht gestattet). Ausgeglichenheit und Ruhe, Großzügigkeit, Verständnis sind Qualitäten, die nicht hoch genug eingeschätzt werden können. „Das einzige, was mein Glück trübt“, schreibt eine Freundin, die es von frühauf mit sehr viel älteren Herren gehalten hat („Wer einmal damit angefangen hat, mag keinen jungen mehr"), „ist der Gedanke, daß er früher sterben wird als ich." Man kann daraus schließen, daß Beziehungen zwischen jungen Frauen und alten Männern menschlich reifer, großmütiger sind als die sogenannten normalen. Und wahrscheinlich kommen sie auch der Natur entgegen: Die Jungen sind angewiesen auf die Erfahrung der Alten. Vom Standpunkt eines Mannes gibt's nichts Schöneres in der Liebe, als die Möglichkeit, die Geliebte zu erziehen. Ich meine natürlich nicht mit dem erhobenen Zeigefinger, sondern die zarthändige Bildung nach den besten vorhandenen Anlagen. In jedem von uns steckt ein Pygmalion. Auch im Bett. Ja, und was ich noch sagen wollte: Bissel Geld sollte er auch haben. Geld ist eine erotisierende Sache. Und da das Fleisch der Alten bekanntlich brüchig ist, werden sie auf nichts verzichten dürfen, was erotisiert.

Wenn nach Clausewitz der Friede eine Fortsetzung des Krieges mit anderen Mitteln ist, so ist die Greisenliebe eine Fortsetzung des Geschlechtsverkehrs mit anderen Mitteln: mit Verständnis, Zartheit, Erfindungsgabe. Ich kann somit meinen Altersgenossen nur zurufen: Erst mal Nagelbürsten, Junge! Kernseife und Veilchenrasierwasser. Sodann das Kind im Manne hervorzaubern, das spielen will und die Peitsche vergißt. Und natürlich: Köpfchen, Köpfchen. Und nicht nur ein bissel, sondern ordentlich Geld. Klingt ordinär, entspricht aber der Lebenswirklichkeit. Schließlich ist ja auch nicht alles, was die Beziehung zwischen Mann und Frau betrifft, vom Allerfeinsten.

Alte Männer haben Einsicht ins Peinliche des Geschlechtlichen. Sie gehen dabei vor wie Eros, der schützend die Hand über Psyches Augen hält, wenn sie den Flug in die Ekstasen beginnen. Sollte die Hand (entgegen den Kinderbettvorschriften) sich unter der Bettdecke befinden, wird Psyche von selbst die Augen schließen.

Eifersucht

Man sagt, mit der sexuellen Emanzipation schwinde die Erotik. Das Knistern zwischen den „Partnern“ fehlt. Es kommt zu rasch, zu unvermittelt zu dem, was im Kanzleistil der Sexualexperten „der Akt“ heißt. Eilige Menschen mögen das begrüßen, aber die Seele, heißt es, kommt dabei zu kurz. Die Sinnlichkeit kompensiert nicht das Fehlende. Das Wechselspiel von Verheißung und Verzögerung ist überspannt. Die Wiederholung der gleichen Miene unverhüllter Lüsternheit wird monoton und stereotyp. Wären wir ein wenig zurückhaltender mit der Offenbarung unserer Sexualität, verfeinerten wir unsere Sinnlichkeit in Ausdruck und Gebärden, wir kämen vielleicht wieder, heißt es, zu jener Atmosphäre reizvoller Ungewißheit, die nichts verspricht und alles offen läßt und unsere Sensoren in einen Zustand gesteigerter Erwartung hält – kurz: zu Erotik. Aber bei der heute allgemein herrschenden Auffassung des Geschlechtlichen als schlichthin physisches Bedürfnis ist das kaum wiederherstellbar. So heißt es. Ich möchte dieses Lamento um ein weiteres Motiv in Moll bereichern. Es betrifft die Eifersucht. Mit der sexuellen Emanzipation ist sie in Verruf geraten. Man macht sich lächerlich als Eifersüchtiger in unseren Tagen. Anstatt Othellos Größe in seiner Eifersucht zu erkennen, bedauern wir ihn als einen auf den Leim geführten Narren.

Es erstaunt mich, daß von den großen Theoretikern der Sexualität nur wenig Gewicht gelegt wird auf den Zusammenhang zwischen dem Schwinden der Erotik und der Diffamation der Eifersucht.

Ich kenne die Werke von Frau Alice Schwarzer nur sehr oberflächlich, weiß aber, daß sie zum Thema Emanzipation Bedeutendes geäußert hat. Hat sie sich jemals eindringlich mit der Eifersucht beschäftigt? Zum Beispiel mit dem Phänomen, daß wir Heutigen es

weitaus eher Frauen zugestehen, eifersüchtig zu sein, als Männern? Und das in Zusammenhang mit der Beziehung von Eifersucht und Besitz?

Wie auch immer: Die schon in den zwanziger Jahren angestrebte Emanzipation hat leider nicht durchgegriffen. Der Muff des Kleinkarierten wurde nur um so stickiger. Dagegen aufzutreten wäre ein titanisches Unternehmen und von vornherein zum Scheitern bestimmt gewesen. Wir blicken heute mit souveräner Sachlichkeit auf alles Geschlechtliche, Massenkopulation und Gattenaustausch sind lediglich zwei von vielerlei Angeboten auf der sexuellen Menükarte, und wehe!, wenn einer dabei Eifersucht verriete! Er blamierte sich peinlich mit einem solchen Rückfall in die endlich überwundene klein- und groß- und spieß- und pfahlbürgerliche Moral. Heute machte ein Eifersüchtiger sich als Spielverderber gleich eines sozialen Vergehens schuldig. Daß dabei seine Seele auf andere Weise zu kurz kommt, steht auf einem anderen Blatt.

Denn paradoxerweise könnte man sagen, Eifersucht, die Schwester des Neids, sei ein ursprünglich gesellschaftliches Gefühl. Natürlich nicht im Sinn der Schickeria, sondern der menschlichen Gemeinschaftlichkeit. Eifersucht tritt auf als eine Regung, die uns in unserer Eigenschaft als Herdenwesen eingegeben ist. Sie stellt sich in der Herde gegen die Herde ein. Sie will besitzen, und etwas besitzen wollen heißt gleich, es für sich behalten wollen. Eifersucht will nicht teilen, drängt aber heftig zum Teilhaben. Das bezieht sich nicht nur aufs Geschlechtliche. Die Bedeutung, die Freud dem Ödipus-Komplex zugewiesen hat, mag diskutierbar sein. Gewiß bleibt, daß die Entwicklung des Geschlechtlichen aufs innigste mit der Entwicklung der Eifersucht verbunden ist und eins vom andern sich nicht lösen läßt. In der Eifersucht erfährt das Geschlechtliche eine Sublimierung. Eifersucht nimmt in gleichem Maß von uns Besitz, wie die Unterdrückung des Geschlechtlichen durch Erziehung erfolgt. Das wußte Professor

Sigmund Freud sehr wohl. Aber sein Augenmerk war so intensiv aufs Geschlechtliche und die unmittelbaren Folgen von dessen Unterdrückung gerichtet, daß der Eindruck entstehen könnte, selbst ihm sei darüber die gesellschaftliche Bedeutung der Eifersucht in einen blinden Winkel des Sehfelds gerutscht. Zum Beispiel in Hinsicht auf die Ambivalenz der Eifersucht im Spiel von Lockung und Verweigerung, Anziehung und Abstoßung im Sexuellen. Eifersucht regt sich nicht nur im Besitzenwollen und erst recht im Behaltenwollen, sondern auch im peinigenden Gefühl des Ausgeschlossenseins, im Teilhabenwollen. Soweit sich das nur auf die reziproke Eifersucht zwischen Liebenden bezieht, kann von etwas durchaus Natürlichem und „Gesundem" gesprochen werden. Aber schon die Eifersucht auf Vorgänger und eventuelle Nachfolger nähert sich dem Perversen. Im Gesellschaftsspiel des Partneraustauschs kann Eifersucht als stimulierendes Gefühl ebenso fragwürdigen Ursprungs sein wie der Mangel an Eifersucht. Ein reiches und bisher noch längst nicht abgeerntetes Feld für Sexualforscher und Psychologen. Aber wie gesagt: Eifersucht beschränkt sich keineswegs aufs Sexuelle. Auch die Soziologen sollten sich eingehender mit ihr beschäftigen. Denn Eifersucht ist die Sublimierung des Sexuellen ins Soziale. Sie sorgt für den Eros der Epoche. In allen Manifestationen des sozialen Lebens läßt sich als Triebmoment die Eifersucht aufspüren. Vom Kampf ums Dabeisein, der Frau Konsul Mayer zum Cocktail des Pelzaufbereitungsgewerbes ins Viersternehotel treibt und ihre Tochter vor die Kamera des Playboy-Photographen; vom Sportler-Ehrgeiz, der Athleten und Athletinnen Pillen fressen läßt, die ihre Muskeln schwellen lassen wie eine Beulenplage; vom bösen Tratsch, den die Fernseh-Diva über ihre Kollegin mit der besseren Rolle in Umlauf bringt, bis zum Machtstreben des Demagogen, der die Diktatur für die einzig richtige Staatsform hält und sie darum mit allen Mitteln herstellen will, wird alles von Eifersucht bewegt. Und weil in allen diesen Äußerungen ihr inniger Zusammenhang mit dem Sexuellen sozusagen nur aufgelockert und nie gänzlich gelöst ist, setzt sie auch die Tabus, die unser Verhalten eingrenzen. Das kann so weit gehen, daß sie selbst, die Eifersucht, unter ein Tabu gerät.

Und hier ist Vorsicht geboten. Denn wenn bislang der Spießer in ihrem Namen seine Burg mit festen Mauern und tiefen Gräben umgeben (und dabei freilich auch einige Notausgänge freigelassen) hat, so ist damit noch keineswegs gesagt, daß es nicht wiederum in seinem Namen geschieht, wenn die Eifersucht in Mißkredit gebracht wird. Als Mittel zum Selbstschutz ist sie ihm mit der sexuellen Emanzipation aus der Hand gerutscht. Es bleibt ihm nichts anderes übrig, als ihr die Vehemenz des ursprünglichen Gefühls zu nehmen. Frau Konsul Mayer sähe sich dadurch um das Vergnügen des Gattenaustauschs gebracht.

Zugegeben: Alle Zivilisation beruht auf der Eindämmung und Kontrolle von ursprünglichen, vehementen Gefühlen. Aber deren Unterdrückung ist, wie schon Papa Freud gelehrt hat, gefährlich. Der Ausweg liegt darin, sie ins Bewußtsein heraufzuholen.

Hang zum Küchenpersonal

ES ENTSPRICHT DER NEUZEITLICHEN AUFFASSUNG vom harmonischen Heranziehen eines Menschenkindes, daß ihm schon im Säuglingsalter das Recht auf libidinöse Regungen zugesprochen werde. Indes, je weiter es heranwächst, um so entschiedener wird dieses Recht ihm wieder abgesprochen. Nur noch für eine kurze Weile darf es die oralen Genüsse, für die Papa Freud das grauenhafte Wort „Wonneludeln" erfunden hat, mit Hilfe eines Schnullers befriedigen. Andere Methoden des Lustgewinns werden energisch unterbunden. „Das Kind hat mit den Händen über der Decke zu schlafen" ist eine eiserne Regel, deren Sinn von jedermann außer dem unschuldigen Kind selbst verstanden wird. Eine zartfühlende Kinderfrauenhand, die seine angenehmen Spielchen am eigenen Körper fördernd unterstützen wollte, oder gar die Einführung in grundlegende sexuelle Praktiken, deren Kenntnis im späteren Leben sich als sogenanntes „Vorspiel" höchst nützlich erweisen soll, durch eine verständnisvolle Gouvernante würde zu Zeiten meiner Kindheit bei Müttern und anderen Erziehungsberechtigten Vulkanausbrüche der Entrüstung und Empörung hervorgerufen haben. Aber das liegt weit zurück. Abgesehen von dem Umstand, daß Kinderfrauen und Gouvernanten verhältnismäßig seltener geworden sind, mag mit dem Abflauen des Viktorianismus auch die Einstellung zu solchen frühzeitigen Bildungsvorgängen liberaler geworden sein. Allerdings wird das freiwillige Eingreifen von Außenstehenden immer noch als Kindesbelästigung strafrechtlich geahndet. Man wacht über unsere Tugend auch heute noch von der Wiege bis zum Grabe. Im schulpflichtigen Alter ist das Kind gewöhnlich auf vergleichende und stümperlich versuchsweise Aufklärung durch Gleichaltrige angewiesen. Der Hinweis auf das Liebesleben von Schmetterlingen ist längst nicht so einleuchtend wie das Betasten der Stelle in den Unterhosen der Klassenkameradin, an welcher Knaben andere anatomische Merkmale aufzuweisen haben; und selbst das paßt nicht ins landläufige Erziehungsprogramm. Auch heute noch, trotz aller angeblichen sexuellen Emanzipation der Eltern, tritt der durchschnittliche Adoleszent in die heikle Phase der Pubertät in einem hitzigen Zustand der Erwartung, die in krassem Mißverhältnis zu den späteren realen Erfüllungen steht.

Somit ist es nicht verwunderlich, wenn Wilhelm Buschs Behauptung, jeder Jüngling habe nun mal den Hang zum Küchenpersonal, immer noch ihre Gültigkeit behalten hat. Auch Küchenpersonal ist selten geworden, und was den kulinarischen Teil der Regel betrifft, so wird das weibliche Element, das im eigenen Haushalt fehlt oder nur durch Ödipussis Mutti vertreten ist, vermutlich durch die Verkäuferin hinter dem Tresen von MacDonald's ersetzt. Aber entscheidend ist ja nicht die Alternative zwischen Hausmannskost und Schnellfertigfraß, sondern eben die Verfügbarkeit der Hausangestellten. Das Urmodell bleibt: der Sohn und Erbe der Arbeitgeber fühlt sich zur ihm ausgelieferten Arbeitnehmerin brünstig hingezogen. Auf den ersten Blick nimmt sich das aus wie ein Musterbeispiel der schnöden Ausnützung der Arbeiterklasse durchs kapitalistische Bürgertum, ein höhnischer Nachvollzug des *jus primae noctis* der Feudalzeit. Aber dem ist nicht so. Es handelt sich vielmehr um ein höchst reizvolles Gegen- und Ineinanderspiel von Machtpositionen, dessen Spannung ins Erotische überschlägt: und ist es nicht umsonst seit jeher ein beliebter Vorwurf für Komödien und Tragödien gewesen und geblieben: das achtzehnte Jahrhundert hat ihn ungezählte Male in den Intrigen zwischen Herrenkind und Kammerkätzchen durchgespielt, und im italienischen Film der Vorkriegszeit taucht das Motiv ebenso häufig auf wie in den Verwechslungskomödien um die Dollarprinzessinnen, die nicht nur ihres Geldes wegen geliebt werden wollen, aus der Süßwarenabteilung von

Hollywood. Im Alltagsleben wird sich's freilich nicht so stilisiert abspielen wie auf der Bühne oder Filmleinwand. Gewiß nicht so, wie das masochistisch selbstkritische bürgerliche Drama es darstellt: nämlich als den brutalen Überfall eines ebenso machtbewußten wie geilen Jungkapitalisten auf ein wehrlos eingeschüchtertes Proletarierkind. Das Machtverhältnis ist zumindest ausgeglichen, und gerade seine Spannung macht die Sache im Leben ebenso pikant wie auf den Brettern, die die Welt bedeuten. Selbst beim dramatischen Ausgang der Geschichte – wenn die jugendliche Raumpflegerin sich ihren Arbeitsgebern mit gewölbtem Unterleib vorstellt, in dem den bislang Ahnungslosen ein Enkelchen keimt – selbst dann ist es in den allermeisten Fällen nicht so, daß da ein neuerliches Beispiel sozialer Ungerechtigkeit vorliege.

Der Missetäter, der seinen Hang zum Hausgesinde stürmisch nachgibt, ist in neunundneunzig von hundert Exemplaren einer von eben jenen Halbwüchsigen, für die alles Geschlechtliche bedrängend und beunruhigend vom Nimbus des Unbegreiflichen, des Übernatürlichen, ja des furchteinflößend Mystischen umwittert ist. Man soll mir nicht erzählen, solcherlei Jünglingsunschuld gäbe es heute nicht mehr, im Gegenteil: der durchschnittliche Teenager sei durch allzu frühe sexuelle Erfahrung bis zur Gleichgültigkeit abgestumpft. Möglicherweise bringt eine auf soziologische Umstände abgestufte statistische Untersuchung einen erheblichen Unterschied im sexuellen Gebaren der Jugend von heute und der von gestern zutage, aber man darf das Phänomen der Epochenverschleppung nicht unterschätzen: es leben unvergleichlich viel mehr Menschen im Gestern als im Heute; und aus der Behauptung, die Jugend heutzutage sei sexuell zumindest ebenso abgebrüht, wie es der regelmäßige Bordellbesuch der Väter bewirkt hatte, spricht vermutlich doch das Wunschdenken (wenn nicht gar der Neid) der alten Tugendwächter. Wie auch immer: der Jüngling, der sich ans Stubenmädchen des elterlichen Hauses heranpirscht, ob er nun sexuell mit allen Wassern gewaschen ist oder lediglich das Gebot mißachtet, mit den Händen über der Decke zu schlafen, geht an kein wehr- und machtloses Objekt heran. Sie, die herzige Raumpflegerin, hat neben der Macht, ihn schnöde abzuweisen, auch noch die, ihn bei seinen doch immer noch mächtigeren Eltern zu denunzieren. Wahrscheinlich ist sie überdies auch noch weitaus weniger jungfräulich als er – und dieses Mischmasch aus Begehren und Verweigern, aus Lockung und Bedrohung bei tagtäglicher körperlicher Nähe, sozusagen im Witterungsfeld des einen wie der anderen, gibt der Situation eine Schwüle, die dem angeblich so zügigen Geschlechtsverkehr der Benettonkinder untereinander fehlt.

Zur Epochenverschleppung gehört leider auch die immer noch nicht gänzlich ausrottbare Tendenz des scheinheiligen viktorianischen Puritanismus (und der Mutter Kirche), alles Erotische zu verhäßlichen. In zwei von meinen Büchern habe ich eine Episode geschildert, die mir typisch zu sein scheint für die psychische Grausamkeit der Tugendwächter meiner Zeit: Eine Mutter überrascht ihren halbwüchsigen Sohn bei einer Katzbalgerei mit einem Stubenmädchen auf einem Sofa. Sie entläßt das Stubenmädchen auf der Stelle. Weil sie aber nicht sicher ist, wie weit die Rangelei nur jugendlich überschwenglich oder schon zielbewußt draufgängerisch war, erzählt sie dem Sohn, sie habe das Mädchen entlassen müssen, weil sich herausgestellt habe, es sei geschlechtskrank. Dabei beobachtet sie den Sohn scharf, um aus seiner Reaktion darauf herauszufinden, was tatsächlich auf dem Sofa geschehen ist. Ich habe das zweimal verwendet, um einmal die entsetzliche Verhärtung der Mutter im Gestell ihrer vorgefaßten Ideen von Erziehung sichtbar zu machen; ein andermal, um die möglichen Folgen eines solchen Erlebnisses im Gemüt des Sohnes darzustellen. Und man glaube ja nicht, daß ich da Märchen aus uralten Zeiten erzähle. Es ist ein knappes Jahrhundert her, daß man in deutschen Zeitungen vom folgenden Vorfall lesen konnte: Ein Elternpaar begann besorgt zu werden, weil der achtzehnjährige Sohn keinerlei Interesse an Mädchen, dafür um so mehr für einen Freund zeigte. Ausgenommen war die Bedienerin im Hause, ein resches Ding. Die Eltern machten mit ihr aus, den Sohn auf den rechten Weg zu weisen: sie würden verreisen und die beiden allein lassen. So geschah's denn auch. Bei ihrer Rückkehr konnte das Stubenmädchen, auf den pickellosen Teint des Sohnes hinweisend, Erfolg vermelden. Aber die tüchtige Hausangestellte begann bald pampig zu werden, und man entließ sie. Die Leute, bei denen sie bald neueingestellt werden sollte, fragten sie nach dem Grund der Entlassung, und sie erzählte fröhlich davon. Darauf gingen die neuen Arbeitgeber hin und zeigten das Vorgängerpaar wegen Kuppelei an. Das Urteil war entsprechend hart. Man erzähle mir kein Märchen von allgemeiner sexueller Emanzipation und einer veränderten Einstellung zum Schicklichen.

Übrigens ist der Hang zum Hausgesinde kein Privileg Halbwüchsiger männlichen Geschlechts. Im legendären SIMPLIZISSIMUS der Jahrhundertwende erschien eine Zeichnung, die zwei Gardeleutnants darstellte, bedient von einem Lakai, der einem von ihnen zum Verwechseln ähnlich war. Der Leutnant: „Johann, man sagt, Sie sähen mir ähnlich. War Ihre Mutter denn Kammerzofe in unserem Haus?" Der Lakai: „Nein, Herr Graf. Mein Vater war dort Kammerdiener."

Der Kampf ums Dabeisein

Der Kampf ums Dabeisein

ALLWÖCHENTLICH, wenn die illustrierte Presse neu erscheint, starre ich mich in die Gesellschaftsberichte fest. Sie sind bunt und verwirrend. Auf den ersten Blick, der sich noch nicht den Bildunterschriften zugewendet hat, muß ich mich immer wieder fragen: Wer sind diese smarten jungen Herren in goldbeknopften Blazern und diese Photomodellgestalten in den Miniröcken der renommierten Haute-Couture-Konfektion, deren Lebenszweck und -inhalt im Dabeisein auf brausenden Partys zu bestehen scheint? Sind es Prinzen und Prinzessinnen aus morschen, von Montag bis Freitag dem Publikumsbesuch offenstehenden Schlössern? Oder die Nachkommen ehemaliger und neu etablierter Großindustrieller? Die Töchter und Söhne von klobigen Neureichen, die gestern noch in Hemdsärmeln und Lockenwicklern bei Tisch gesessen sind? Oder selbst über Nacht reich Gewordene? Ansehen kann man's ihnen nicht. Ihr Äußeres ist gefällig. Und wenn's auch heißt, daß Kleider Leute machen, so verraten die ihren zwar Erfreuliches über ihre Bankguthaben, aber nichts über ihre Herkunft, ihre Bildung, ihre Zugehörigkeit oder Nichtzugehörigkeit zu dieser oderjener Klasse oder gesellschaftlichen Gruppe. Sie können zu den Relikten der wilhelminischen Gesellschaft gehören oder Aufsteiger aus allen Winkeln heutiger sozialer Aufstiegsmöglichkeiten sein: Tennis-Asse, Fernsehansagerinnen, Staranwälte, Prominentenhaarkräusler, Kinderärztinnen, Barbesitzer, Innenraumgestalterinnen, Designer, Autohändler mit Freundin im sechsten Monat, Schlagzeuger weltbekannter Rockbands oder was immer. Was stellen sie insgesamt dar? Die Gesellschaft? Die Schickeria? Die Prominenz? Die Café-Society, den Jet-set?

Weniger schwer bestimmbar ist die ältere Generation. Sie zeigt sich in schönem Selbstbewußtsein drittzahnig in die Linse lächelnd mit Spitzenpolitikern, Großverlegern, Sektimporteuren, Hotelkettenmanagern und ähnlichen ihresgleichen im Silberbinder und Nerzcape (wenn nicht in Trachtenjoppe und reich dekolltiertem Dirndl – aber das ist schon ein politisches Bekenntnis), und es besteht kein Zweifel, daß sie zu dem gehören, was neuerdings das „Establishment" heißt.

Hier aber setzt einer der grotesken, dem Gesellschaftsleben innewohnenden Widersprüche ein: Wir rechnen das Establishment nicht in Bausch und Bogen zur sogenannten „guten" oder auch „feinen" oder „ersten" Gesellschaft (also zu dem, was innerhalb derselben kennerisch nasal „society" genannt wird). Einzelne gehören allenfalls dazu. Aber das Establishment enthält überwiegend Aufsteiger, Hochgekommene. Und wiewohl die Leistung, die sie hochgebracht hat, uns imponiert (und unseren Neid erweckt), mißachten wir sie als Emporkömmlinge. Der barocke Sinn für Hierarchie, die haarfeine Empfindlichkeit für gesellschaftliche Unterschiede.

Ob indes die Mitglieder des Establishments Hochgekommene sind oder seit eh und je dazugehören, sieht man ihnen auch nur in den seltensten Fällen an. Die Wohlstandswelt, in der wir leben, tilgt Klassenmerkmale. Ins Gesicht geschrieben steht beinah jedermann und jederfrau die Automarke und das Ferienhaus in den Alpen oder an der Costa Brava. Und selbst wenn wir diese konsumgesättigten Physiognomien zu einem soziologischen Identikit summieren, können wir daraus nicht lesen, wie oder was eigentlich die Gesellschaft sei; woraus sie sich zusammensetzt? Wer ihre Spitzen sind? Welches ihre Gruppen? Was sie gemeinsam haben und wodurch sie sich untereinander (und von uns) unterscheiden? Welche ihre Leitbilder, ihre Bestimmungen und Tendenzen seien?

Bitte, auch hier geraten wir in einen Zwiespalt der Haltungen. Denn während uns die Beschäftigung mit der „feinen" oder meinetwegen „guten" oder „ersten" Gesellschaft eigentlich recht müßig

erscheint und ein geringschätziges Achselzucken abverlangt, müssen wir doch zugeben, daß sie uns geradezu glühend interessiert. Die Bildberichte aus dem Gesellschaftsleben werden wenn möglich noch gieriger verschlungen als diejenigen von der Umweltverseuchung in Ostdeutschland und die fachärztlichen Atteste der Wirkung von Knoblauch als herzinfarkthinderndes Gemüse. In keinem andern Land wird intensiver heraufbeschworen, was einen Fingerzeig auf Leben und Wesen einer existenten Gesellschaft geben könnte; und nirgends anderswo ist das Angebot an dem, was dazugehören könnte, wollte oder müßte, reichhaltiger, buntscheckiger und richtungsloser als bei uns.

Urteilt man nach dem Schein, den die Medien uns vorspiegeln, so wimmelt es bei uns von Gesellschaft.

Es ist bald einfacher, man zählt jene auf, die nicht dazugehören.

Geschmack

WENN MAN IN EINEM ROMAN des 18. oder 19. Jahrhunderts liest: „Sie trat ihm anmutig entgegen. Ihre Kleidung war von vollendetem Geschmack", so stellt man sich unwillkürlich etwas erlesen Einfaches vor, gedämpfter in den Farben, weniger bebändert, raffinierter gefältelt vielleicht, jedenfalls auf eine sozusagen heimtückische Weise unauffällig: dem flüchtig Hinschauenden entgehen die Details, die den bewußt am Werk befindlichen Geschmack verraten. Nur der Geübte, der Kenner sieht in hier und dort angedeuteten modischen Kleinigkeiten, daß die Schlichtheit nicht tugendhafter Naivität entspringt, sondern daß bewußte Zurückhaltung vorliegt, die eben darauf zielt, einen Schein hervorzurufen, der durchschaut werden will. Das gilt auch, wenn wir uns sagen müssen, daß wir mit einer solchen Auffassung schon unseren gegenwärtigen Geschmack in das Bild hineinprojizieren; also daß es Zeiten gegeben haben mag und hat, in denen der letzte Schrei der Mode die Übertreibung war. Innerhalb der hybrid wuchernden Formen und Farben war doch immer diejenige Frau die eleganteste und zeigte damit den ausgefeiltesten Geschmack, die sich auf das Essentielle beschränkte. Aber was ist das Essentielle? Als Vladimir Nabokov, selbst ein großer Romancier und Weltmann, in Amerika Vorlesungen für russische Literatur hielt, pflegte er, um zu prüfen, wie aufmerksam die Schüler die Bücher lasen, von denen er sprach, zu fragen: „Welche Farben hatten die Handschuhe, die Anna Karenina bei ihrer ersten Begegnung mit Wronski trug?" Indem Tolstoi die Farbe dieser Handschuhe nannte – sie waren rosa, ein scheinbar nebensächliches Detail in der Kleidung einer eleganten Frau –, deutete er an, daß der Weltmann Graf Wronski sie bemerken und an ihnen den Geschmack der Dame ablesen mußte, der er gegenüberstand. Womit ich zweierlei sagen möchte: Erstens, daß Geschmack von allen Tugenden die zwiespältigste ist, keineswegs ein Kind der Unschuld, sondern weitaus eher ein Produkt aus Erfahrung und Verständnis fürs Trügerische. Und zweitens will ich mit der Platitüde aufräumen, daß sich über den Geschmack nicht streiten läßt. Im Gegenteil. Man muß unablässig darüber streiten. Geschmack ist keine in die Wiege gelegte Gabe Gottes, Geschmack läßt sich lernen. Und Geschmack wandelt sich im Laufe der Zeiten und mit dem Wandel des Zeitgeistes. Wenn es uns auch vorkommt, als habe es immer nur eine Elite mit Geschmack und um sie herum eine breiige Masse ohne Geschmack gegeben, so ist doch jeder Zeitstil sozusagen eine eigene Sprache, die zwar von den einen besser und von den anderen schlechter gesprochen wird, trotzdem aber allen, dem Dichter ebensowohl wie den Stammlern, gemeinsam ist. Es mag unglaubwürdig klingen, daß heutzutage der Geschmack der Dame der großen Welt, wie etwa Madame Jacqueline De Ribes, etwas gemeinsam habe mit dem Geschmack, den die Linoleum-Industrie bei ihren Käufern voraussetzt. Aber es ist dennoch so, und es könnte durchaus sein, daß das wache Träumen eines Kindes über dem abscheulichen Muster eines Fußbodenbelags in seiner elterlichen Wohnküche in ihm etwas weckt, was in zwanzig Jahren den Modeschöpfer hervorbringt, bei dem Madame De Ribes ihre letzten Abendroben bestellen wird. Ebenso wie es immer Extreme gegeben hat, ebenso war es immer möglich zu begreifen und zu lernen, was den guten Geschmack vom schlechten unterscheidet. Dummheit neigt zum Mittelmäßigen, wenn nicht gleich zum schlechten Geschmack; und es ist bezeichnend, daß man einer Frau eher sagen kann, sie sei dumm, als daß sie keinen Geschmack habe. Man trifft damit etwas noch Persönlicheres, und dabei spielt es keine Rolle, daß schlechter Geschmack mindestens so allgemein verbreitet ist wie Dummheit. Beim Geschmack spielt etwas Heikles mit, eine Empfindsamkeit, die aus den Wurzeln der Seele kommt. Und so kommt es zu etwas Paradoxerem:

Je besser der Geschmack, um so bekümmerter verhält er sich gegen die Seele. Die Empfindsamkeit wird kaltblütig. Das wird deutlich am Unterschied zwischen Kunst und Kitsch. Je sentimentaler das künstlerische Bemühen ist, um so kitschiger werden dessen Hervorbringungen. Gleichfalls schlimm wird's, wenn man Ethisches von uns verlangt. Wahre Künstler kümmern sich nicht um unsere Seele. Je künstlerischer Kunst ist, um so näher kommt sie dem Skandalösen – und man kann gleicherweise sagen: Je besser der Geschmack, um so unbekümmerter ist er um den Vorwurf des Frivolen.

Mein Onkel Kantakukuruz sagte zu seiner Tochter: „Wenn du so weitermachst, landest du in einem Bordell." – „Ich bin sicher", erwiderte sie, „es wird ein Bordell erster Klasse sein."

Er war ein alter Esel, sie eine der elegantesten Erscheinungen von Metropolsk. Sicherlich aber gibt es Leute, die bezweifeln, ob diese Anekdote von bestem Geschmack ist. Sie haben Seele. Ich nicht. Das geht bei mir so weit, daß mich's nicht bekümmert, wenn man mir Geschmacklosigkeit vorwirft. Ich bin ein Bewunderer der gegenwärtigen Fürstin von Thurn und Taxis. Ihr Geschmack drückt den Zeitgeist in einer Weise aus, die die Linoleum-Industrie weit ins Hintertreffen schickt. Es ist ein anderer Geschmack als derjenige der Damen aus der Epoche von Anna Karenina. Aber es stehen der Fürstin Gloria auch keine Herren vom Schlage des Grafen Wronski gegenüber, sondern eher Modeschöpfer, Haarkräusler und ähnliche Trendsetter.

Heute nähert sich die Mode mehr und mehr der Kunst. Beide treffen sich im Skandalösen. Ein Mann, der eher als jeder andere in unserer Zeit für sich in Anspruch nehmen kann, als Autorität in allen Fragen des Geschmacks zu gelten – seit Jahrzehnten Chefredakteur eines der großen Modeblätter unseres Jahrhunderts –, ist auch Bildhauer und Maler. Nicht nur nebenbei als Amateur, sondern von einem künstlerischen Rang, der ihn in die Spitzengruppe gegenwärtiger Künstler stellt. Seine frühen Bilder fanden nicht die gleiche Aufnahme wie seine heutigen. Er sagt selbst von ihnen: „Sie waren zu elegant. Das war zu jener Zeit ein Nachteil. Ich war damit ästhetisch hinter meiner Zeit zurück. Auch im Ästhetischen gibt es nichts Absolutes. Unser Jahrhundert hat begriffen, welches Wagnis Kunst ist. Im Kunstwerk provoziert der Künstler sich selbst. Er setzt sich selbst aufs Spiel – und damit schockiert er. Er schockiert damit so lange, bis wir sein Risiko verstehen. Damit erschließt sich vor unseren Augen eine neue ästhetische Perspektive. Sie verändert unseren Geschmack. Allerdings", setzt unser Freund hinzu, „wenn ich mir eine Nummer unserer Zeitschrift aus dem Jahre 1920 anschaue, so zeugte die damalige Mode auch von gutem Geschmack, nur eben nicht vom heutigen. Aber wer heute Geschmack hat, wird auch den von damals erkennen und umgekehrt."

Ich blicke der Zukunft vertrauensvoll entgegen.

Intrigen

IN DER GENERATION, die der meinen vorangegangen war, also ihre Blüte in den ersten Dezennien dieses Jahrhunderts hatte, konnte man aus dem Mund von Frauen, denen es nicht gelang, die Männer nach ihrer Pfeife tanzen zu lassen, wiederholt den zornzerknirschten Satz hören: „Man müßte diplomatisch vorgehen. Das ist mein Fehler: Ich habe aber kein Talent für Intrigen." Schon damals hörte sich das eher komisch an, ein Ausspruch, der eine fatale geistige Provinzialität verriet, ein Auftragen abgelegter Denk- und Vorstellungsschablonen. Allein die Auffassung, daß Diplomatie die Kunst (und der Beruf) von zur Intrige ausgebildeten Schlauköpfen sei, war damals schon naiv; mehr noch die Zwangsvorstellung, man müsse Männer hinters Licht führen, um sie kirre zu machen. Beides ging freilich auf eine alte Tradition zurück; aber sozusagen eine aus zweiter Hand. Man fühlte sich auf die Theaterbühne versetzt, wo seit Jahrhunderten die Intrigen wucherten, angefangen von den burlesken und pikaresken Komödien, in denen die Lust an der Übertölpelung von Dummen und noch Dümmeren fröhliche Urständ feierte, bis hin zu den Dramen von shakespeareschem Zuschnitt und der Abwicklung von so furchterregenden Intrigen, daß einem das Blut in den Adern einfror. In allen Fällen war die Intrige ein Mittel, die Macht zu unterlaufen. Der Intrigant – oder die Intrigantin – spann ein feines Netz von Fäden, an das er – oder sie – aber das Opfer unmerklich leitete, bis es sich darin verfing. Damit erreicht er – oder sie – ein Ziel, das direkt anzugehen er – oder sie – nicht wagen durfte. Und das war's wohl auch, was die naiven Damen der Generation um 1910, die ihren Mangel an Talent zu Intrigenspielen bedauerten, zu ihrem betrüblichen Ausspruch verleitete. Die Armen wußten keinen anderen Weg, die Macht der Männer zu brechen.

Das dürfte heutzutage kein Dilemma mehr sein. In dem, was früher einmal „der Kampf der Geschlechter“ genannt wurde und heute eine Walstatt ist, auf welcher die ratlosen Überlebenden versuchen, miteinander Kontakt aufzunehmen (und sei's auch nur zu einem neuen Schlagwechsel, der nicht lediglich ein Schattenboxen ist), hat die Intrige ihren Sinn verloren. Weder müssen die Frauen sich ihrer bedienen, um die Männer von brutaler Machtausübung wegzuverführen, noch brauchen die Männer sie, um irgendeine schnöde oder streng bewachte Schöne unter ihrem Drachen weg ins Bett zu locken. Wer Talent zu Intrigen hat, muß sich ein anderes Spielfeld suchen. Gewiß nicht die Diplomatie, seit dort die höheren Chargen wohldotierte und immer noch hoch angesehene Briefträger (zugegeben oft in sehr kleidsamen Uniformen), die niederen offiziös zugelassene Spionageagenten geworden sind. Aber die Parteipolitik dürfte einen üppig kompostierten Boden für Intrigen abgeben, gemäß deren Herkunft von Fürstenhöfen und päpstlichen Kurien. Ebenso die Finanzwelt, stelle ich mir vor (ich verstehe nichts davon), wobei dort das Intrigenspiel vermutlich hart an den Betrug streift. Das ist nicht das eigentliche Wesen der Intrige.

Es ist kein Betrug, wenn man jemanden, der starr auf einer Machtposition verharrt, umschleicht und, gleichsam indem man ihm die Augen zuhält, so ausrichtet, daß er von selbst davon in der gewünschten Richtung abrückt und tut, was man von ihm will. Von den zahllosen Intrigen, die uns die Literatur seit den alten Griechen über die Tausend und mehr Nächte der orientalischen Erzähler bis hin zu den Renaissanceschriftstellern und dem Theater des sechzehnten, siebzehnten und achtzehnten Jahrunderts zusamt dem großen französischen Roman überliefert hat, scheint mir eine der beispielhaftesten Machiavellis „Mandragola“ zu sein. Ein reicher Mann, schon ältlich, hat eine schöne junge Frau und wünscht sich einen Erben, den selber herzustellen er leider kaum mehr imstande ist. Zwei Freunde, von denen einer die

Frau des Reichen liebt, fädeln eine Intrige ein, ihm so zu seinem Wunschkind zu verhelfen, daß alle miteinander zufriedengestellt sind. Der eine gibt sich als Arzt aus und redet dem guten Mann ein, die Schuld, daß noch kein Nachkomme zu erwarten sei, liege nicht an ihm, dem Gatten, sondern an der jungen Frau. Er, der Arzt, sei indes imstande, aus einer Alraunwurzel einen Sud zu brauen, der sie empfänglich machen würde. Allerdings würde derjenige, mit dem sie das Kind zeugte, unverzüglich sterben. Weil ihm mehr an einem Erben liegt als an der Erhaltung seiner Gattenehre, die durch einen Todeskandidaten doch nur sehr flüchtig bekleckert werden konnte, geht der Geldsack auf den Handel ein. Der erste beste, den der angebliche Arzt als freiwillig sich Aufopfernden vorstellt, ist der verliebte Freund. Erst recht die Gattin hat nichts gegen ihn, denn er ist jung und schön. Das Kind wird wonnevoll gezeugt, der reiche Mann hat seinen Erben, der angebliche Arzt wird fürstlich belohnt – kurz: alle sind zufrieden, alles ist in schönster Harmonie. Die Welt ist heiter, jedermann behält lächelnd bei sich, was er weiß. Ich weiß nicht mehr, ob die junge Frau an der Intrige mitgesponnen hat. Es würde der Geschichte eine pikante Note mehr hinzufügen; ich kann mich nicht mehr daran erinnern. Ich empfehle, sie daraufhin nachzulesen. Aber ihr komödienhafter Charakter ändert nichts daran, daß die Intrige, von der sie berichtet, die gleichen klassischen Elemente enthält, deren der Schurke Jago sich bedient, um Othello zu vernichten. Der Intrigant – oder die Intrigantin – erspäht die verwundbare Stelle eines vermeintlich Unangreifbaren, der mit Gewalt nicht aus seiner Machtposition zu bringen ist. Dieser Punkt der Verletzlichkeit wird angegriffen, und zwar so, daß das Opfer sich gegen sich selbst wendet und in die Falle geht. Dazu bedient der Intrigant – oder die Intrigantin – sich der Täuschung, auch der blanken Lüge. Moralisch läßt sich das vom Betrug nicht unterscheiden. Was die Intrige – wenn man so will – ästhetisch akzeptabler macht, ist die dazu aufgewendete Intelligenz. Betrug hat immer etwas Plumpes. Zur

Intrige ist List erforderlich. Das Opfer der Intrige läuft Gefahr, übersehen zu werden über der unwillkürlichen Bewunderung, welche das fein eingefädelte und geduldig durchgeführte Intrigenspiel abfordert. Zur angewendeten List kommt nämlich die Geduld – und wer hat die noch in unseren Tagen? Wer hat noch Zeit für ein lustig ausgedachtes Intrigenspiel? Bestenfalls Festbesoldete in Stellungen von unausgefüllten Tätigkeiten. Im ödigkeitsdurchwehten Betriebsklima ist es noch vorstellbar, daß Büroangestellte dämonische Intriganteneigenschaften entwickeln, die in der Werkkantine ein monatelanges Gesprächsthema abgeben. Und, wie gesagt, jede beliebige Menge von Gelegenheit dazu in der Kirchturmpolitik. Aber in der Beziehung zwischen Mann und Frau muß heutzutage der Intrigengeist verdorren. Das ist es ja, was den Satz der typischen „unverstandenen Frau" der Jahrhundertwende so komisch antiquiert klingen läßt.

Welche Diplomatie wäre noch anzuwenden, welche Kunst der Intrige erforderlich in einer Welt, in welcher die Männer die Frauen in jeder nur ausdenkbaren Rolle akzeptieren, von der Emanze bis zur gebärfreudigen Waschpulverkonsumentin, von Wedekinds „Lulu" bis zu Kamerad Schnürschuh? Machiavellis heitere Intrige ist hinfällig angesichts der Scharen von Retortenbabies. Wie sehen die heutigen Intrigen aus? Ich bitte um Vorschläge.

Monarchistenträume

DAS KLEINE MÄDCHEN ZEICHNETE, und ich neigte mich über sie. Auf dem Papier entstand eine Art Baby-Puppe mit hüftlangem Haar und einem Krönlein auf dem Scheitel. „Das ist eine Prinzessin", sagte ich anerkennend. „Eine Gräfin", korrigierte sie mich. „Prinzessinnen haben geschlossene Kronen." – „Woher weißt du das?" (Sie war elf Jahre alt und die Tochter unseres Installateurs.) „Aus den Illustrierten", sagte sie. „Wir beziehen eine Mappe; *Wissen ist Macht.* Da sind alle Zeitschriften der Woche drin." – „Und sie alle berichten von Prinzessinnen und Gräfinnen?" – „Die meisten. Nur nicht die umweltfreundlichen." Mit „umweltfreundlichen" meinte sie vermutlich die naturwissenschaftlichen, aber ich unterdrückte die Bemerkung, daß gerade die sich die Rettung aussterbender Gattungen zum Anliegen machen sollten. Stattdessen sagte ich: „Wenn du schon weißt, daß Prinzessinnen geschlossene Kronen haben, dann setze auch deiner Gräfin die richtige neunzackige auf. Die da ist höchstens eine Edle von mit ihren mickrigen fünf Zacken." – „Aber das soll doch eine Blätterkrone werden. Für den Uradel." Ich mußte mich geschlagen geben. Zwar war's nicht das erstemal, daß ich feststellen konnte, mit welcher Menge von Kraut und Rüben die Medien unter dem Banner der Information die Schädel schon der zartesten Altersgruppen vollstopfen. Hier aber war's wissenschaftlich vertieft: neben der Mappe *Wissen ist Macht* muß ein Spezialkursus in Heraldik die Kenntnis bereichert haben.

Aber auch der gute Durchschnitt der Medienkonsumenten genießt erstaunlich viel allwöchentliche Information über die Restbestände des europäischen Adels von ehemaligen oder noch regierenden Kaiser- und Königshäusern abwärts über fürstliche, herzögliche, gräfliche, freiherrliche bis zum Fußvolk der simplen Herren (und Damen) *von*. Natürlich nicht so tiefgehend, um die Intimkenntnis zu erwerben, daß eine Gräfin sich mit einer Blätterkrone kaum bescheiden würde, eben um sich von den schlichten Herren (und Damen) *von* auch aus uradeligen Geschlechtern zu unterscheiden. (Doch das gesellschaftliche Gefälle sieht auch heute, bald ein Jahrhundert nach der Entmachtung des Adels, von oben nach unten geschaut sich anders an als von unten nach oben.) Unumstritten bleibt jedenfalls das Interesse, ja die geradezu leidenschaftliche Anteilnahme eines überraschend großen Teils unserer Zeitgenossen am Wohl und Wehe derjenigen, die dereinst das Wohl und Wehe ihrer Großeltern in ihrer Macht gehabt haben (oder von denen abstammen). Besonders die präsumptiven Erben ehemaliger Herrscherhäuser stehen im Brennpunkt der öffentlichen Neugier – zu keinem Zeitpunkt fesselnder als jetzt, da überall in Europa die unerwarteten politischen Umwälzungen stattfinden und besonders im Südosten unseres alten Kontinents (schmeichelhafterweise auch Mitteuropa genannt) aus den abziehenden Fluten der Terror-Regime hier und dort unter vielerlei antiken Möbeln auch Throne wieder zum Vorschein kommen.

Es fehlt nicht an Stimmen (von Träumern und Visionären, aber auch von Spekulanten verschiedenerlei Couleur), die davon sprechen, daß der Gedanke nicht gänzlich abwegig sei, diese Throne könnten sich wieder besetzen lassen. Wir neigen ja dazu, zu übersehen, daß neben dem insularen England auch andere Länder und deren Nationen an der Spitze ihrer Staatsgebilde Monarchen haben, die bei Staatsakten auf Thronen sitzen und Kronen auf den Häuptern tragen. Spanien, Holland, Belgien, Dänemark, Schweden und Norwegen halten als solides halbes Dutzend den ebensovielen Republiken im Raum diesseits des ehemaligen Eisernen Vorhangs, also des Westens, die Waage, wenn man den doch eher südöstlichen Neo-Republiken Griechenland, Jugoslawien und Albanien die zwar sehr viel kleineren, aber wirtschaftlich ungemein prosperierenden Luxemburg, Liechtenstein und Monaco entgegenhält. (Zwar keine Monarchien, sondern Großherzogs- bzw. Fürstentümer; immerhin auch mit geschlossenen Kronen.) Und bedenkt man, daß Deutschland, Österreich, Rußland ihre Kaiser nach einer tausendjährigen Geschichte erst nach dem Ersten Weltkrieg losgeworden sind, der König von Italien erst nach dem Zweiten Weltkrieg abdanken mußte und der von Griechenland gar erst 1974, so muß man zugeben, es sei wahrscheinlich doch verfrüht, vom endgültigen Verschwinden des Konzepts der Monarchie als Staatsform zu sprechen. Im Gegenteil: das Thema ist höchst aktuell. Besonders in den Ländern jenseits des ehemaligen Eisernen Vorhangs, die jetzt vom Alpdruck des Kommunismus befreit sind und bis zu dessen Machtübernahme Monarchien gewesen waren, wird es von durchaus ernst zu nehmenden Leuten ernsthaft diskutiert.

Wer also die Zeitschriftenmappe *Wissen ist Macht* bezieht oder auch nur die Gesellschaftsspalten sich allwöchentlich zu Gemüte führt, tut gut daran, sich umzuschauen, welcher unter den Inhabern geschlossener Kronen, die zur Zeit als Börsenmakler oder Vertreter von Kunstauktionshäusern tätig sind, dazu auserwählt sein könnte, eine nicht nur heraldisch auszeichnende, sondern mythisch und mystisch in Herrscherrang erhebende Königskrone aufgesetzt zu bekommen. Man lasse nicht außer acht, daß kürzlich ein glasnostgläubiger Sowjetbürger in einem Fernseh-Interview auf dem Roten Platz in Moskau sich unerschrocken für eine Rückkehr der Zarenfamilie ausgesprochen hat mit der Begründung, „es wäre sicherlich gut für den Tourismus“. Leider ist besonders in der Familie Romanow die Frage der legitimen Nachfolge ein Gegenstand erbitterter Auseinandersetzungen. Nach dem russischen Sprichwort, daß der Zigeuner schon reitet, während das Fohlen noch ungeboren ist, halten die Streitigkeiten, wer von den Nachkommen Kaiser Nikolaus I. das Recht hat, zum Zaren aller Reussen gekrönt zu werden, seit Lenins Oktoberrevolution bis heute an –

heute natürlich entsprechend aufgebrachter. Um mit einigem Verständnis daran teilzunehmen, muß man den Blick beständig auf der Stammtafel halten, anders verliert man sich im Gewirr der Vornamen und Vatersnamen wie in einem Dostojewskischen Roman. In der Tat tritt als Prätendent der in Frankreich lebendeWladimir Kyrillowitsch auf; aber er wird von seinen zahlreichen Vettern nicht anerkannt. Denn während sie als direkte Nachkommen der Kaiser Alexander II. und Alexander III. Großfürsten sind, ist Wladimir Kyrillowitsch, als Enkel eines zweiten Sohns (Wladimir Alexandrowitsch) nur Fürst. Sollte es Towarisch Jelzin dennoch einfallen, ihn als Herrscher in den Kreml zu berufen, so dürften Alexander Dimitrowisch, Nikolaus Romanowitsch, Dimitri Nikita, vor allem aber Vera Konstantinowa heftig Einspruch erheben.

Weniger kompliziert sieht's in den kleineren Staaten der osteuropäischen Operettenwelt aus. Österreich dürfte ja demnächst durch den Eintritt in die EG ganz automatisch wieder zu Deutschland gehören und kaum die Chance haben, den Anwärter auf den alten Kaiserthron, Otto von Habsburg, erfolgreich gegen die Hohenzollern (Prinz Louis Ferdinand und Nachkommen) auszuspielen. Aber für Ungarn ist der vorbildlich korrekte, hochgebildete und durch seine lange Arbeit im Europarat politisch erfahrene Habsburger ein sehr ernst zu nehmender Kandidat. Man wollte ihn dort schon zum Staatspräsidenten machen – was er weise abgelehnt hat. Bleiben also die bunten Balkanländer. Das unglückliche Jugoslawien hat ja gegenwärtig dringendere Sorgen, allerdings weiß man nicht, was dabei herauskommt; die Monarchie hat jedenfalls dabei recht wenig Aussicht. Auch hier bedarf es eines scharfen Blicks, um zu unterscheiden zwischen dem in England lebenden Kronprinzen Alexander, Sohn König Peters, und dem in Paris lebenden Prinzen Alexander, Sohn des sehr fähigen ehemaligen Regenten Prinz Paul. Letzterer Alexander hat eine wunderschöne Schwester: Elisabeth (verheiratete Oxenberg; die Tochter spielt

in Hollywood bei Seifenopern mit), und wie man die Sitten und Gebräuche im Land der Karageorgewitsch kennt, dürfte die Vorstellung, von ihr geküßt zu werden, anfeuernder wirken als der Kuß, mit dem Kronprinz Alexander bei einem kürzlichen (erfolglosen) Besuch die heimatliche Erde begrüßte.

Natürlich weiß der aufmerksame Medienkonsument, daß die Jugoslawen in Osteuropa die einzigen Thronprätendenten nicht deutscher Herkunft sind. Im Westen macht nur Italien eine Ausnahme: das Haus Savoyen. Es ist seit der Abdankung des sanften Königs Umberto dank der fröhlich ausgelebten Daseinslust von dessen Kindern Vittorio Emanuele (Schütze von Boot zu Boot), Gabriella (Madame de Balkany), Maria Pia (geschiedene Jugoslawin, wiederverehelichte Bourbon) und der überaus flotten Beatrice nicht in der Achtung des italienischen Volkes gestiegen. Auch hier sind die Aussichten auf Wiedereinsetzung dünn. Vom strammen deutschen Stamm der Hohenzollern-Sigmaringen zweigt sich indes das rumänische Königshaus ab. Dessen Sproß Michael hat von Kindheit an mit seinem Vater Carol die Königskrone gewechselt wie die Clowns in einem Kabarettakt die Hüte. Auf Michaels Haupt ist sie dann sitzen geblieben, bis er 1947 abdanken mußte. (Papa Carol lebte unterdessen mit Madame Lupescu in Argentinien.) König Michael, der leider taub ist, aber in sieben Sprachen Lippenlesen kann, hat es versäumt, seinen Töchtern (er ist ohne Sohn) Rumänisch beizubringen, was ihre Chancen, als Thronerbinnen aufzutreten, nicht vermehrt. Seine Rückkehr wäre dem rumänischen Volk nur zu wünschen: Rumänien hat in seiner ganzen Geschichte keine bessere Zeit gehabt als die seiner kurzlebigen Monarchie. Und es fehlt dort nicht an alten Anhängern.

Überzeugender in seinen Möglichkeiten, sowohl wie auch in seiner Person ist Simeon von Bulgarien; aufgeweckt, bedacht, energisch. Er lebt mit vier Söhnen und einer Tochter in Spanien, und in seinem Heimatland könnte er von dem großen Prestige profitieren, das ihm sein

Vater, König Boris, beinah noch mehr aber seine Mutter, Prinzessin Giovanna von Savoyen, als preziöses Erbe hinterlassen haben. Bedenkt man, daß Ex-König Constantin von Griechenland seit seiner Abdankung kaum Zeichen eines ehernen Willens zur Rückkehr gegeben hat, und Achmed Zogus' über zwei Meter großer Sohn Leka von Ägypten aus eher treuherzig als unternehmend nach Albanien blickt, so schwinden die Hoffnungen, Mitteleuropa bald wieder mit gekrönten Häuptern geschmückt zu sehen. Unwillkürlich denkt man an eine traurige Anekdote: der Herzog von Windsor, der ja bekanntlich wegen Mrs. Simpson auf den Thron von Großbritannien verzichtet hatte, bestellte einmal bei einem New Yorker Juwelier eine Puderdose für die Herzogin. Als man ihm den Entwurf dafür vorlegte, schüttelte er den Kopf: „Nein, nein, das ist falsch. Die Krone sitzt ja schief. Das geht nicht." Er erhob sich, setzte sich seinen Hut lotrecht auf den Kopf und sagte, den Blick ins Weite verloren: „So trägt man eine Krone."

Die Kunst, aus einem Fettnäpfchen wieder herauszutreten

ICH WEISS NICHT, WOHER DER AUSDRUCK KOMMT: „Ins Fettnäpfchen treten." Er erscheint mir eher im norddeutschen als im süddeutschen Sprachraum ursprünglich und gebräuchlich zu sein. Für mein österreichisches Ohr jedenfalls hat er etwas Altjüngferlich-Geziertes. Ich höre das verlegene Kichern sitzengebliebener Tanten zu einer mehr oder weniger verzeihlichen Ungeschicklichkeit des halbwüchsigen Neffen. Aber es ist ein anschaulicher Ausdruck. Unmißverständlich ist damit ein gesellschaftlicher Schnitzer gemeint, ein Lapsus – früher sagte man: ein Fauxpas. Aber speziell bezeichnet wird mit dem Fettnäpfchen eine ungewollte Taktlosigkeit, peinlich sowohl für den davon Betroffenen wie auch für denjenigen, dem sie unterläuft. Als ebenso klassisches wie drastisches Beispiel läßt sich der kurze Dialog zwischen zwei Herren bei einem abendlichen Empfang anführen: „Wer ist das Scheusal im grünen Kleid dort drüben, das der Hausfrau ein Loch in den Bauch redet?" – „Meine Frau". Da ist einer saftig ins Fettnäpfchen gestiegen. Ich kenne einen anderen Ausrutscher, mit dem das sozusagen mit beiden Füßen in einem doppelten Affront gelungen ist. Jemand hatte einen Herren kennengelernt, der von seiner Freundin begleitet war und sie als seine Frau ausgab. Als er wenig später die rechtmäßige Gattin des neuen Bekannten traf, sagte er in schöner Unbefangenheit zu ihr „Ich habe neulich Ihren Sohn getroffen und finde seine Frau reizend".

Ich fürchte, derlei kann jedem von uns passieren. Es hilft natürlich, wenn man genügend wohlerzogen ist, um im Umgang mit nicht intim Bekannten möglichst jeder persönlichen Bemerkung aus dem Weg zu gehen. Also wenn man sich jedweder Äußerung einer eigenen Meinung enthält und auf den unverfänglichen Austausch von Floskeln beschränkt. Was dabei herauskommt, ist nur allzu bekannt. Das Bla-bla-bla von Banalitäten, das gesellschaftliche Zusammenkünfte im allgemeinen so unerträglich leer macht. Und selbst dabei ergibt sich bisweilen irgendeine Konstellation von Umständen, die wie eine Schnappfalle darauf lauert, daß jemand hereinrutscht, das Fettnäpfchen eben.

Es ergibt sich somit nicht nur das Problem, wie es zu vermeiden ist, hineinzutreten, sondern auch das, wie man möglichst ungeschoren wieder heraussteigt. Auch dafür gibt es Lehrmeister. Bezeichnenderweise kommen sie zeitlich von weither, nämlich aus einer Vergangenheit, in der es noch eine festgefügte Gesellschaft gegeben hat und gesellschaftliche Formen zu graziöser Vollendung ausgebildet waren. Also vorwiegend aus dem Rokoko. Was an diesen Anekdoten besticht, ist die frische Natürlichkeit, mit welcher die Grazie Hand in Hand geht. Das Rokoko hatte noch nichts von der erdnahen Derbheit des Mittelalters verloren. Bei all seinem Raffinement hatte der Umgangston im 18. Jahrhundert etwas ungemein Deftiges. Was uns, den immer noch nicht gänzlich emanzipierten Enkeln der viktorianischen Prüderie beinah roh erscheint. Umso anmutiger wird das tänzerische Geschick, mit dem ein Fehltritt wieder gutgemacht wird.

Klassisch und drastisch ist auch das Beispiel dafür. Es wird gleicherweise von Kaiserin Maria Theresia wie von ihrer Tochter Marie-Antoinette und weiß Gott welcher anderen gottesgnadenhaften Herrscherin mit uneingeschränkter Macht erzählt, wie auch immer ... Madame ist allein auf einer Terrasse in Schönbrunn, Versailles oder anderswo und beugt sich über das Geländer, um in den Park hinabzuschauen. Ein junger Offizier naht sich von hinten, sieht nur die Rundung, die er für das Hinterteil einer der zahllosen Hofdamen hält, und haut ihr eins drauf. Er versteinert, wie sie herumfährt und er die Majestät erkennt. Aber er versteinert nicht nur, er sprudelt bestürzt hervor: „Madame, wenn Ihr Herz so hart ist wie Ihr Hintern, bin ich verloren!“ Es heißt, daß ihm vergeben worden sei.

Seine zweifache Schlagfertigkeit hat ihn ins Fettnäpfchen und gleich wieder herausgebracht. Aber es ist eine seltene Gabe, eine ausweglos erscheinende Situation so auf den Blick zu erkennen. Daß in einem Einfall der einzige Ausweg wie im Blitzlicht sichtbar wird, ist nur wenigen, und auch das nicht immer, beschieden. Weiter verbreitet ist vielmehr das, was die Franzosen „Esprit d'escalier“ nennen: der Einfall stellt sich zwar ein, aber zu spät, nämlich erst, wenn wir uns sozusagen auf der Treppe zu einem unrühmlichen Abgang befinden. Im nachhinein ist's leicht, gescheit und witzig zu sein.

Aber es ist nicht der Geistesblitz allein, was die Anekdote vom doppelt schlagfertigen jungen Mann so erfrischend macht. Die läge sonst lediglich auf der Ebene der amüsanten Geschichten, in denen, wie in Graf Bobby-Witzen, der Geist gewissermaßen einen Salto schlägt und damit eine offenkundige Absurdität witzig aufleuchten läßt. Unter den vielen Geschichten, mit denen der Volksmund die sprichwörtliche Dummheit des Kaisers Ferdinand des Gütigen illustriert, ist auch eine von der Adlerjagd. Majestät hatte den Wunsch danach geäußert, und um sicher zu gehen, daß die Jagd erfolgreich ausgehen werde, band man einen ausgestopften Adler so auf einen Baum, daß er auf den höchstwahrscheinlich fehlenden Schuß des Herrschers mit einer Schnur zum Herunterfallen gebracht werden konnte. Aber der Teufel wollte es, daß der Kaiser zum ersten und einzigen Mal in seinem Leben traf. Der Adler fiel mit zerfetzter Brust vom Baum, das Stroh, mit dem er ausgestopft war, struppte aus seinem Balg. Der Kaiser trat an das heran, was seine stolze Jagdbeute hätte sein sollen. „Nein, nein“, sagte seine Majestät, „ich mag ja dumm sein, aber so dumm bin ich doch nicht, um zu glauben, daß das hier mein erlegter Adler ist.“ Von allen Seiten bemühte sich der Hof, den Kaiser zu beschwichtigen. „Aber Majestät haben doch mit höchsteigenen Augen gesehen, wie der Vogel nach hochdero meisterlichem Schuß Knall und Fall vom Baum gefallen ist." „Nein, nein", beharrte der Kaiser, „das glaub' ich nicht, der Adler hat ja nur einen Kopf." Worauf der geistesgegenwärtigste Höfling vorsprang, die Hacken zusammenschlug und ausrief: „Majestät, der Vogel ist vermutlich von Preußen eingeflogen."

Nichts gegen derlei witzige Präsenz. Dennoch behaupte ich, daß das eigentlich Erfreuliche in der Geschichte vom doppelt schlagfertigen jungen Mann noch etwas anderes ist, nämlich sein Freimut – Freimut, das ist ein Wort, das man heutzutage selten hört. Warum wohl? Sind gesellschaftliche Fesseln gefallen, die uns zwangen, unser Verhalten beständig unter strengster Kontrolle zu halten? Sind wir allesamt so freimütig geworden, daß es pleonastisch wäre, von freimütigem Auftreten zu sprechen? Fast scheint es so zu sein, in einem Alltag, der uns unablässig versichert, daß selbst immer noch bestehende Hackordnungsunterschiede wie die zwischen Vorgesetzten und Untergebenen, Chefs und Abhängigen, Brötchengebern und Brötchennehmern nur konventioneller Natur seien und unsere persönliche Würde in keiner Weise schmälern und daß wir geradezu verpflichtet sind, das mit dem selbstbewußtesten Auftreten zum Ausdruck zu bringen. Aber das ist noch kein Freimut. Freimut ist mehr als schöne Selbstsicherheit. Er ist entwaffnendes Waffenstrecken, ein sozusagen strahlend geöffnetes Zurverfügungstellen der eigenen Person als Pfand für das, wofür sie eintritt. Ein Freimütiger gibt sich dem oder den anderen einschränkungslos in die Hand im Vertrauen darauf, daß er es mit gleich Edelgesinnten zu tun habe, die keinen Vorteil aus seiner Waffenlosigkeit ziehen. Eine Herrscherin, der man eins auf den Hintern haut, hat allen Anlaß zur Empörung. Was dieser Empörung den Wind aus den Segeln nimmt, mag wohl auch das witzig ausgesprochene Kompliment für ihren harten Hintern sein; weich gestimmt wird sie erst durch den Appell an ihr Herz, durch das freimütige Bekenntnis „Wenn es so hart ist wie Ihr Hintern, bin ich verloren."

Freimut ist alles, was ich all denjenigen empfehlen kann, die heftig ins Fettnäpfchen treten und denen kein Geistesblitz hilft, daraus herauszutänzeln. Nichts ist peinlicher als die Lähmung, die einen befallen kann, im Gefühl, eine Peinlichkeit begangen zu haben. Nichts hilft besser, sie uns zu entpeinlichen, als daß man sich sofort zu ihr bekennt, und wiederum dabei hilft nichts besser als das Lachen über das eigene Ungeschick. Weil wir schon bei gekrönten Häuptern sind: Die schöne Königin Maria von Rumänien verfaßte Gedichte und hatte eine andere Dichterin ihres Landes, Fräulein Rose Ausländer aus Czernowitz, zu einer kollegialen Aussprache eingeladen. Fräulein Ausländer aus Czernowitz, weil die glatten Parketts königlicher Paläste nicht gewohnt, rutschte aus, als sie der Königin gegenüber stand, und fiel platt vor ihr auf den Bauch. Sie wußte nichts Besseres zu tun, als aufzuschauen und in Lachen auszubrechen. Die Königin war davon so angesteckt, daß sie zu ihr niederkniete, ihr aufhalf und sich am Aufsammeln der herumgestreuten Gegenstände aus ihrem Handtäschchen beteiligte, Schlüsselbund, Lippenstift, Kleingeld usw. Die beiden wurden innig vertraute Freundinnen.

Das Karussell der Moden

ALS ICH GLORIA LIEBTE – nicht die gegenwärtige Fürstin von Thurn und Taxis, die ich nur in der illustrierten Wochenpresse anbeten darf, sondern Gloria in Fleisch und Bein, wiewohl mit kläglich wenig Fleisch am Bein, denn sie war ein Fotomodell um 1960 (über spätere Zeiten darf ich mich nicht äußern, denn ich bin seither streng verheiratet) – kurz: als ich Gloria liebte (sie war wunderschön und verrückt wie ein Pferd), wurde sie eines Tages in der Mottenkiste ihrer Mutter fündig. Schon die Mutter, in jenen Tagen kaum in den Vierzigern, also hoch in den Säften, war in der Mottenkiste ihrer Mutter (Glorias Großmutter also) fündig geworden und hatte daraus modische Wunderwerke zutage gefördert, allerdings hauptsächlich Dessous: Aber das war's gerade, was sie suchte. Denn der modische Trend ging zurück zur Jahrhundertwende.

Man war freilich weit davon entfernt, mit der Kleiderlinie auch die moralische Unduldsamkeit der viktorianischen Epoche zu übernehmen. Im Gegenteil: Es waren die Jahre eifriger sexueller Emanzipation (ohne Aids) und astreiner Zukunftserwartung. Das Zeitalter der Blumenkinder war angebrochen; es war doch wieder einmal ein Hauch von Freiheit in den Lüften, es schien noch einmal eine neue, bessere, weniger die Gurgel einschnürende Welt zu verheißen. Die jungen Frauen verhöhnten die Prüderie ihrer Großmütter und liefen tagsüber auf offener Straße in deren Nachthemden herum.

Gloria, meine amerikanische Freundin, identifizierte sich mit einem Amerika, das seine Beziehung zu Europa wiederhergestellt hatte. Von der Jahrhundertwende an bis in die zwanziger Jahre war Amerika modisch von Europa bestimmt. Aus dieser Epoche stammte der Inhalt von Glorias Mutters Mottenkiste. Und Gloria jauchzte auf, als sie in dieser Mottenkiste vorfand, was den Stil jener Zeit in modisch reinster Form zum Ausdruck brachte: Roben von Molyneux, Lelong, Lavin, Tailleurs von der jungen Chanel, die ersten aufsehenerregenden Schöpfungen von Balenciaga. Vor mir präsentierte sie sich in einem knietiefen Paillettenkleid. Sie tat es stilgerecht: Die rechte Hand bei angewinkeltem Arm ins Hüftgelenk gestützt, in der Linken einen ellenlangen Zigarettenhalter vor dem tragisch niedergezogenen, blutrot geschminkten Mund, den einen Fuß im stöckelhohen Seidenschuh lässig schleifend und die Brüste bretteben flachgequetscht, ich danke vielmals. Und ich – erwiesenermaßen ein plumper Mensch – sagte (obwohl ich der Erscheinung die Eleganz nicht absprechen konnte): „Wenn du beabsichtigst, in diesem Aufzug auf den nächsten Fasching zu gehen, brauche ich sicherlich nicht so eifersüchtig zu sein wie bei deinem letzten Auftritt als Bajadere."

Ich irrte mich. Es bedurfte des Faschings nicht, Gloria zog auch wochentags Schwärme von Bewunderern hinter sich her. Selbst Blumensöhne, denen das Haar bereits ergraut auf die Schultern fiel, ließen das Weltanschauliche beiseite und folgten dem neuen Zeitgeist. Es erwies sich, daß Gloria ihn erraten hatte, indem sie den Zeitgeist ihrer Mutter wiederaufleben ließ.

Aber natürlich ist das nur ein vereinfachender Aspekt eines Vorgangs, der wahrscheinlich viel komplexer ist. Glorias glorioser Auftritt hat mich damals tief nachdenklich gemacht. Ich war im Begriff, ein Buch zu schreiben, in dem ich dem Geheimnis des Stilwechsels – und des Stilrückschlags – auf die Spur zu kommen versuchte. Was geschieht, so fragte ich mich, wenn ein neuer Stil einen vorangegangenen ablöst? Gelegentlich geht es in einem unerwarteten, unvorhergesehenen Umschwung vor sich. Und manchmal vollziehen sich schleichende Stiländerungen, die von aller Welt ganz unbewußt vollzogen werden. Was macht eine Handschrift des 18. Jahrhunderts auf den ersten Blick verschieden von einer des 19.? Wie kommt es, so fragte ich mich, daß der mittelmäßige zeitgenössische Kopist eines Meisterwerks eine Kopie hervorbringt, die vom Original viel schwerer zu unterscheiden ist als die von genialer Hand zu einer späteren Epoche angefertigte? Da zeigt sich doch, daß etwas mit uns geschieht, was unserem Einfluß entzogen ist. Und was das ist, werde ich vielleicht entdeckt haben, wenn ich mit meinem Buch, an dem ich seither schreibe, fertig geworden bin.

Dazu gehört natürlich auch die Frage: Was läßt das Comeback bestimmter Stilepochen zu? Was suchen wir Heutigen in der stilistischen Atmosphäre, der Ausdrucksstimmung von gestern oder vorgestern? Glorias Mutter stöberte in der Mottenkiste der Großmutter und bezog daraus eine Stilrichtung, die ihrer eigenen entsprach. Gloria wurde in der Mottenkiste ihrer Mutter fündig – aber wer weiß: Vielleicht entdeckt sie heute, als Spätvierzigerin, den modischen Charme ihrer eigenen stilistischen Vergangenheit: der sechziger Jahre . . . Wir rücken uns stilistisch selber auf die Haut, und nur eins ist dabei gewiß: Es ist die Mode, und es sind die Frauen, die uns die Augen dafür öffnen, daß etwas mit uns geschieht, was außerhalb des jämmerlich beschränkten Bereichs unserer Vernunft liegt.

Café Sehnsucht

Café Sehnsucht

Die große Liebe zum Kleinen Braunen

WIE DAS GEHEIMNIS DES DRAMAS VON MAYERLING, die Künstlernöte Mozarts und Schuberts, die Unnachahmlichkeit der echten, im Hause selbst gefertigten Sachertorte und die Salzburger Festspiele gehört das Wiener Kaffeehaus zum stehenden Angebot an österreichischen Exportartikeln der Sparte Feuilletonthemen, die bei Verfassern ebensowohl wie bei der Leserschaft ungeschmälert Anklang finden. Unerfindlich, warum es darin hartnäckig Wiener Kaffeehaus heißt, denn es kam und kommt in seiner Form und Bestimmung, seiner charakteristischen Ausstattung und Atmosphäre ebensogut auch in Triest und Przemiśl, Dornbirn und Kronstadt in Siebenbürgen, Linz und Sarajewo, Laibach und Czernowitz und schon erst recht in Budapest und Keckemét – kurz: kreuz und quer und überall im ehemaligen Großraum der Schwingenspannweite des kaiserlich und königlichen Doppeladlers vor und gar nicht so selten auch außerhalb, zum Beispiel in Paris, Rom und Venedig; und daß es in Wien erfunden worden wäre, ist eine Legende wie so viel anderes original Wienerisches auch.

Eines der Kriterien des original Wiener Kaffeehauses ist seine Stille, eben noch anders als das Getümmel im Hawelka oder im Pariser Flore oder Deux Magots. Möglicherweise wird an einem Tisch, an welchem mehrere Personen sitzen, gelegentlich etwas heftiger debattiert; aber das zieht unwillige Blicke auf sich wie jemand, der laut sprechend durch den Lesesaal einer öffentlichen Bibliothek geht. Die Stille des original Wiener Kaffeehauses wird getragen vom leisen Rascheln der Kaffeelöffel auf den Untertassen und dieser auf den blechernen

Tabletts und allenfalls dem Klicken von Billardbällen im Hintergrund. Dazwischen rauschen bloß die umgewendeten Zeitungsblätter.

Die Kellner, respektvoll „Ober“ beziehungsweise „Herr Ober“ gerufen, tragen den Frack mit schwarzer Weste und schwarzer Schleife. Was sie vom Maître d’hôtel aufwendiger Speisehäuser oder vom Headbutler eines eleganten Clubs unterscheidet, ist allerdings eine rechts am Gesäß unter den Frackschößen angebrachte lederne Geldtasche, aus der sie beim Zechebegleichen mit einem Griff nach hinten Kleingeld holen, als zögen sie eine Waffe.

In klassischer Zeit stand jedem Ober ein halbwüchsiger Bursche, der sogenannte Piccolo, zur Seite, dessen Aufgabe es war, die leeren Kaffeetassen abzuräumen und an den Tischen von Gästen, die innerhalb von Stunden nichts anderes verzehrt hatten als eine Schale Braun oder Nußbraun oder einen simplen Schwarzen, in regelmäßigen Abständen die Gläser mit frischem Trinkwasser zu erneuern, allenfalls die Aschenbecher auszuleeren.

Gleichfalls in die Hochblüte des original Wiener Kaffeehauses fällt die sogenannte Sitzkassiererin, eine meist blonde und vollbusige Weibsperson, deren zur Üppigkeit hochgeschnürter Torso neben einer ornamentreich aus Nickelblech gepreßten Registrierkasse über einer Art von Theke thronte wie der der Dame ohne Unterleib in den Jahrmarktschaubuden.

Ihr oblag nicht nur die Bewachung und Austeilung einiger von Fliegen sacht umschwärmter Torten, sondern auch das Markieren, das heißt: die Entgegennahme der Bestellungen der Gäste durch den Ober und ihre Weitergabe an die Küche im wohlkaschierten Hintergrund sowie auch ihre gleichzeitige Aufzeichnung. Wozu die Registrierkasse diente, bleibt dabei rätselhaft; ich erinnere mich nicht, daß jemals die würdige Stille eines original Wiener Kaffeehauses von ihrem Rasseln und Klingeln gestört worden wäre.

Der Stammgast des original Wiener Kaffeehauses, den man sich

dank einer grundsätzlich falschen, wenngleich im Spezialfall gelegentlich auch zutreffenden Legendenbildung als einen geistsprühend verschwätzten, eifernden und geifernden Intellektuellen mit einem Hofstaat von spirituellen Schmarotzern und bohèmenostalgischen neureichen Mäzenen, kurz: als den typischen Kaffeehausliteraten denkt, ist sehr im Gegensatz dazu der durchaus schweigsame, eher mürrische oder verraunzte Zeitungsleser, der vor einer Schale Nußbraun auf dem Marmortischchen vor sich festgesaugt ist an seinem Thonet-Sessel und den Vor- oder Nachmittag lang nicht davon weicht.

Es ist der Typus des Rentners oder Pensionisten, der täglich nach Beendigung seines Mittagsschläfchens gegen drei oder vier Uhr nachmittags erscheint, sich mit den ausliegenden Zeitungen versieht und damit umständlich immer am selben Tisch niederläßt, dem Ober gar nicht erst seine Bestellung aufzugeben braucht, weil der sie bereits seit Jahren kennt, dafür einige grantige Worte übers Wetter, die Zeiten, die anderen Gäste austauscht und hinter einem Zeitungsblatt verschwindet und immer noch dasitzt, während um ihn her das durch die großen Fensterscheiben einfallende Tageslicht zunehmend verdämmert.

Es gehört dazu aber in noch erhöhtem Maß auch der Stammgast, der das original Wiener Kaffeehaus als Geschäftskontor oder wenigstens als Außendienststelle seiner gewerblichen Tätigkeit ansieht, als Wechselstube, Informationszentrum, Auskunftei und so weiter. Börsenmakler stellen ein ebenso starkes Kontingent an Stammgästen wie Journalisten; und befindet sich das original Wiener Kaffeehaus in der Nähe eines Gerichtsgebäudes, so liegt's auf der Hand, daß Anwälte hier ihre Klienten treffen, beraten und für die Verhandlungen präparieren, abgesehen von den Richtern, die sich hier in den Pausen vom Hader, den sie schlichten und richten sollen, bei einem raschen Schwarzen erholen.

Nicht unerwähnt bleiben dürfte dazwischen auch das Liebespaar, das sich im Wirbel des Alltags ein rasches, durch intensives Händchenhalten endlos hinausgeschlepptes Stelldichein gegeben hat. Das original Wiener Kaffeehaus ist ein Ort neutraler Begegnung. Wo, zum Beispiel, trifft man die geschiedene Gattin? Den eifersüchtigen Nebenbuhler? Den Erpresser? Den heimlichen Informanten?

Mit einem Wort: Kein anderer Ort auf dieser Erde bietet für den Preis von zwei Tassen Kaffee eine ähnliche Gelegenheit der Begegnung vom flüchtigsten, unverbindlichsten Rendezvous bis zur Stätte profundesten Gedankenaustausches wie das original Wiener Kaffeehaus.

Aufruhr im Mittelpunkt von Wien

WEIL ICH ZU DER ALTERSGRUPPE DERJENIGEN GEHÖRE, von denen man, wenn einer im Kaffeehaus sich ein 4-Minuten-Ei bestellt, erwartet, daß er's vorausbezahlt, hüte ich mich tunlichst, ins Greisengemurmel zu verfallen, wie schön die Welt früher gewesen ist und wie häßlich, betrüblich und verworren uns die Wirklichkeit von heute in die Augen dringt. Anlaß zu solcher Klage hätte man ja auf Schritt und Tritt, vor allem an Orten, wo die Vergangenheit Spuren hinterlassen hat, die uns vortäuschen wollen, sie seien Zeugnisse von Epochen makelloser Glorie und Glückseligkeit. Besonders Wien kann zu dieser verklärenden Rückschau verführen, es lebt geradezu ausschließlich davon, und geschieht dort gelegentlich alle heiligen Zeiten einmal etwas, von dem man ableiten könnte, auch die Gegenwart sei nicht gänzlich ohne Meriten, so wird es mit einem solchen Aufwand an Pauken und Trompeten in jedermanns Bewußtsein gedremmelt, daß sich am deutlichsten sein Seltenheitswert herausstellt: Es präsentiert sich uns in einer Vereinzelung, die als große Ausnahme eine bekümmerliche Regel bestätigt, nämlich die, daß aus dem Kompost unserer kulturellen Apathie keine Gurke mehr zu ziehen ist. Nehmen wir zum Beispiel das Haas-Haus . . . aber bevor ich damit anfange, muß ich erklären, daß ich für Wien insgesamt die inbrünstige Haßliebe eines Menschen hege, der dort die schönsten Jahre seiner Jugendblüte hingebracht hat, dann lange weggeblieben ist und heute sporadisch immer wiederkommt, also die Entwicklung der Umstände und Dinge nicht fließend miterlebt hat, sondern sprunghaft – und gleich mit jedem Sprung in eine neue Überraschung, gleichviel, ob das nun eine angenehme oder unangenehme Überraschung war, sie hatte in jedem Fall Schockwirkung. Mit einem Wort: Ich reagiere auf Wien hysterisch.

Dabei muß ich feststellen, daß ich mich in dieser Hinsicht von eingesessenen Wienern keineswegs unterscheide. Auch sie, die sozusagen im Strom der Entwicklung mitschwimmen, gebärden sich, als wären sie unablässig von ihr überrascht und als sei die Liste der unangenehmen Überraschungen unvergleichlich länger als die der angenehmen. Ich darf also für mich in Anspruch nehmen, daß ich nicht aus persönlichen Gründen raunze, sondern gewissermaßen im Namen aller. Ich hoffe, ich entkräfte damit den Verdacht, ich schleppe senil an der Vergangenheit wie an meinem zu weit gewordenen Hosenboden. Ich kann sie nur ebensowenig entbehren wie ihn, will ich mir nicht die Blöße geben, daß ich von Wien und Wiener Problemen zu wenig verstehe, um auch nur ein Sterbenswörtchen mitreden zu dürfen.

Vom Haas-Haus ist unablässig die Rede. Sie war's, nachdem das erste abgebrannt und niedergerissen worden und vordem und nachdem das zweite entstanden ist, erst recht, als dieses zweite durch ein drittes ersetzt werden sollte und schließlich wurde. Die Wahl des Architekten wurde mit einer Leidenschaft abgehalten; und als offenbar wurde, wer der Erwählte war, hatte man den Eindruck, die Mehrzahl der Wiener wartete auf das Resultat mit schützend vor den Kopf gehaltenen Ellbogen, als wäre ein Schlag ins Gesicht fällig. Wien wird seinem Ruf als ehemalige Kulturmetropole doch insofern gerecht, als kein anderer Skandal die Gemüter so in Aufruhr bringt wie ein städtebaulich ästhetischer. Es war der Fall im Jahre 1910, als Adolf Loos am Michaelerplatz fürs Herrenmodengeschäft Goldman & Salatsch ein Haus erbaute, das man wegen seiner Kahlheit in der barocken Umgebung das „Haus ohne Augenbrauen" nannte, und es stand zu befürchten, daß mit dem Holleinschen Haas-Haus ähnliches sich wiederholen würde. Ich, für mein bescheidenes Teilchen, befürchtete das nicht. Im Gegensatz zum Baukünstler Friedensreich Hundertwasser bewundere ich Architekten, die mit den Reißschienen arbeiten, vor allen anderen Adolf Loos. Ich bin unter seinen strengen Linien aufgewachsen, als eifriger Frequentant von Herrenmodengeschäften, seit über einem halben Jahrhundert Kunde bei Knize am Graben, ebenfalls von Loos entworfen, und in dessen „American Bar" im Kärntner Durchgang habe ich mich vom Knappen zum braven Ritter des Barhockers aufgedient. Und teile ich auch nicht mit meiner Vorliebe für gut sitzende Hosenböden seinen Verzicht auf die Bügelfalte, so schmiegt mein ästhetisches Empfinden sich seinen wundervollen anderen Sparsamkeiten mit der Willfährigkeit einer Geisha an. Aber er war's ja nicht, der das neue Haas-Haus erbauen sollte. Sein Skandal-Nachfolger sollte Hans Hollein sein, und der war für alles andere eher bekannt als für Sparsamkeit in seinen künstlerischen Ausdrucksmitteln.

Ich bitte, sich in meine Lage zu versetzen: In einer Stadt, die so eng in meine Lebensgeschichte eingeflochten ist, daß jedes Straßeneck sich zum Markstein irgendeiner Erinnerung winkelt – das heißt: zur scharfkantigen Vergegenwärtigung von irgendwas, das mit der greifbaren Gegenwart in unversöhnlichem Mißverhältnis steht –, also in einer Stadt, in der ich auf Schritt und Tritt als mein eigenes Gespenst neben mir einhergehe, werden die Eindrücke traumatisch. Mußte ich's nicht erleiden, daß an Stelle des Hauses meiner Großeltern in der Wickenburggasse 18 heute ein wuchtiger Gefängnisbau des Landesgerichtes steht, in welchem es mir verwehrt war, Herrn Udo Proksch zu besuchen (er war unpäßlich)! Und wie sollte ich jemals imstande sein, den Ekel zu beschreiben, den ich mit mir durch die heutige Fußgängerzone der ehemaligen Kärntner Straße trage, wo Horden von italienischen Halbwüchsigen mit eingestreuten osteuropäischen Ruhestandsgeldempfängern von Bettelstudenten und Inka-Rasselbanden aufgespielt wird und bisweilen, wenn der kunstbeflissene Sinn irgendeines Stadtvaters sich regt, auch noch die lebensechten Skulpturen von solcherlei Zeitgenossen bis in den Graben aufgestellt sind, wie als wären hier und dort besonders penetrante Gestalten aus dem Fluß der Passanten herausgegriffen und von einem geschickten Balsamierer ausgestopft. Wenn ich's gar nicht vermeiden kann, von Siccardsburgs & van der Nülls Oper (auch ein architektonischer Skandal) bis zum Stock-im-Eisen-Platz durchzugehen, dann stehe ich bald vor dem Haas-Haus.

Und es wirft mich nicht um. Es schlägt mir nicht ins Gesicht. Mein ästhetisches Empfinden, das seit beinahe einem Jahrhundert mit Impressionisten, Expressionisten, Kubisten, Futuristen, Surrealisten, Popartisten, Minimalisten und weiß Gott noch was für -isten herumhurt, läßt sich von der Postmoderne nicht aus der Fassung bringen. Gewiß, es entwickelt seine Geisha-Willfährigkeit am liebsten an Loos und Mondrian und findet sich nicht bereit, die Ansicht des Knusperhäuschen-Nachempfinders Hundertwasser zu teilen, daß die Gerade ein Verbrechen sei. (Für Loos war's – mit ungleich viel mehr Recht – die Einbrenn im Gemüse.) Aber er ist keinesfalls ein Spielverderber – und hier, vor Holleins spielendem Haas-Haus, erheitert sich's an einer (immerhin künstlerisch disziplinierten und raffinierten) Spielfreudigkeit. Wohlan, das Trampolin über dem Dach könnte ich mir wegwünschen; der Spiegeleffekt der halben Glaswand und des runden Turms wirkt nicht gerade beruhigend auf meine angegriffenen Nerven. Aber das Ganze, so wie's mir da als neue Wirklichkeit am Stephansplatz in die Augen springt, ist weder häßlich noch betrüblich, sondern im Gegenteil: wohlgestaltet und erfreulich. Und nicht einmal verworren. Ich bin kein Architekturhistoriker, kann aber immerhin aus dem Zitatenschatz der architektonischen Elemente herausklauben, was von den alten Ägyptern, der Klassik, der Wiener Tradition der Hoffmann, Bauer, Olbrich, von Le Corbusier, de Chirico kommt, und auch das fesch in den Winkel von Wand und Turmansatz geklebte schräge Würfelchen des Kaliforniers Gehry grüßt mich als alten Bekannten. Aber das hat Harmonie, Rhythmus, künstlerischen Nerv. Sollte das nun doch die Gurke aus dem Kompost unserer verrottenden Kultur sein? Ich gehe beschwingt ins Innere.

Und hier verfange ich mich wie eine Fliege im Spinnennetz des Zu-Viel. O großer Geist der Kunst! Warum verführst du immer wieder einen, der viel zu geben hat, alles auf einmal und darüber hinaus alles doppelt hergeben zu wollen? ... Merkwürdig ist an dieser Überfülle der Einfälle und Formen, daß sie nicht beeindruckt, sondern sich sozusagen selbst verleugnet: daß ihre Elemente sich gegenseitig aufheben. Ich fühle mich unbehaglich, die späte Gurke schmeckt mir auf einmal nicht. Ich beginne zu raunzen. Auch die Luxusgeschäfte in den ersten Stockwerken beengen mich: das ist Wien als Provinz, nicht als interkontinentales Kulturzentrum. Und was soll der Kitsch der nackten Dame mit dem Neonlichtbogen? Ironischer I-Punkt? Ich gehe schleunigst ins Freie. Und nach Hause, in die Toskana. Die Architektur ist dort sparsam, Loos hat sie sicherlich geschätzt. Aber das ist schon Greisengemurmel.

Während ich wieder durch die Kärntner Straße gehe, muß ich an eine Geschichte denken, die man sich erzählt hat, als der Bundespräsident nicht Waldheim, sondern Miklas hieß: Zwei Archäologen unterhalten sich im Jahr 6000: „Vor über viertausend Jahren", sagt der eine, „als im Süden des Kontinents ein Diktator namens Mussolini oder Mislini herrschte, im Norden ein noch schlimmerer namens Hüller ..." Hier unterbricht ihn der andere: „Lieber Kollege, Sie meinen die große Ära Miklas?" ...

Wer will wissen, ob das ästhetische Urteil der Nachwelt mit dem unseren sich nicht in einem unversöhnlichen Mißverhältnis befinden wird? Und meine Nachwelt geht schon neben mir her, begleitet von musizierenden Bettelstudenten und Inka-Rasselbanden.

Hausmeister von Wien

DAS BÜRO LIEGT ZU EBENER ERDE. Wir sitzen in einem Besucherwinkel um einen Tisch, auf Stühlen, deren pechschwarzes Kunststoff-Serienmöbel-Design den Meister so beleidigen müßte wie einen Dorfgeistlichen der nackte Hintern einer Sennerin.

Der Tag ist grau. Aber die Büroleiterin hat die haselnußkernige Frische einer Mediterranen. Auch sie trägt Schwarz: ein Minirock-Kostüm von bestechender Eleganz. Man wittert Körnernahrung und straff verwaltete Kultur. Die Chefin spricht. Mit geschulter Eloquenz bittet sie um Verständnis für die Verspätung des Meisters, er habe eben so viel zu tun mit diesem neuen Projekt, bei welchem er eine seiner zahllosen Sehnsüchte erfüllen könne. Nämlich die Errichtung eines vierstöckigen Hundertwasser-Museums, in dem nur die ersten zwei Stockwerke dem Schaffen des Meisters selbst gewidmet sind, die darüberliegenden zwei anderen aber gelegentlichen Ausstellungen der Werke anderer Künstler, nach Belieben aber auch festlichen Veranstaltungen von Betrieben, Vereinen oder auch Privaten. Daher der Name „Kunsthaus Wien“. Und als wäre damit ein Stichwort gefallen, taucht im Fenster hinter dem dunklen Lockenkopf der Chefin der Oberteil einer offenbar aus einem bunten Fleckerlteppich geschneiderten Revoluzzermütze auf und zieht vorbei – auf den Hauseingang zu. Der Meister.

Was an ihm besticht, als er endlich im Zimmer steht, ist die weltabwesende Unschuld seiner Augen. Sie geben seinem Antlitz zwischen Clownmütze und Kaftan etwas Gottgeweihtes. Ein Seherblick, der gar nicht mehr wahrnimmt, was er sieht, so sehr ist der Geist mit dem beschäftigt, was er gerne sehen möchte. Was das sei, ist so augenfällig, daß es entwaffnet: eine Welt à la Hundertwasser. Sein Geist über allen

Wassern. Aber nicht etwa großartig michelangelesk, sondern putzig beschaulich, eine Knusperhäuschenwelt. Das ist gänzlich ohne Harm und Arg. Selbst wenn er zürnt und wettert, bleibt er gewinnend unparteiisch: Spricht er doch nur zur Sache der guten Sache. Diesem rüstig alternden Strohblumenkind ist kein Hintergedanke, keine schlaue Berechnung zuzutrauen. Ein Hippie, den Peter Rosegger entworfen haben könnte. So schreitet er uns auf violetten Joggerschuhen voran zu dem Projekt, in welchem sich mit seiner Sehnsucht die Sehnsucht aller erfüllen soll.

Er scheint dazu auf dem besten Weg zu sein, denn schon hat die Fassade den Rosinen-und-Mandelkern-Charakter, in dem der Traum eines streng jugendstilistisch geschulten Zuckerbäckers zu erkennen wäre, bestünde nicht die Gefahr, daß er zum Alptraum ausartet, in dem man die Zähne ausspukt.

Wir stehen in einer halbfertigen Vorhalle, fleißig Spielbein und Standbein wechselnd. Der Meister erklärt: Der Fußboden ist absichtlich nicht eben, denn die ebene Fläche entspreche der Geraden, und die Gerade sei der Tod der Kunst und damit der Schönheit.

Flüsternd ins Ohr gesagt, möchten wir einwerfen, aber der Meister nimmt uns den Wind aus den Segeln mit der Bemerkung, dieser Tod der Kunst durch die Gerade sei absichtlich bezweckt von einer Mafia von nihilistischen Intellektuellen, die sich des Kunstmarkts bemächtigen wollen und nur solche Künstler gelten lassen, die nach ihrer Pfeife tanzen. Nein, nicht die Kunsthändler, auch sie seien nur Opfer jener Intellektuellen, die näher zu bezeichnen er sich weigere (wir ziehen unwillkürlich schuldbewußt den Intellektuellenkopf zwischen die Schultern ein). Die Menschheit sehne sich nach einer Kunst der Sehnsucht des Menschen. Damit begeben wir uns, auf dem unebenen Boden schwankend wie Klumpfüßige, nach nebenan zur halbfertigen Cafeteria.

Unterwegs erklärt der Meister, die Unebenheit des Bodens entspringt der Einsicht, daß ein ebener Fußboden auch die natürlichen Instinkte unserer Sohle verkümmern lasse. Besonders Blinde loben das gesteigerte Körpergefühl.

Unsere Hochachtung für so viel Einfühlungsgefühl ins körperliche Befinden von Blinden, die ein Bildermuseum besuchen, wird verweht durch den Hinweis, daß auch an der Bar der Cafeteria der Tresen Niederungen aufweist, die andersartig Körperbehinderten, vermutlich solchen ohne Beine, Gelegenheit geben, vorgebeugt ihr Erfrischungsgetränk bequem einzunehmen. „Mir fallen nämlich immer neue Sachen ein", sagt der Meister und weist bescheiden das Lob zurück, daß ein solches inniges Durchdenken auch kleinster Kleinigkeiten des Projekts jedoch eine gewissermaßen intellektuelle Annäherung an dessen komplexe Problematik verrät. „Das sei eben die Naturnähe", sagt er. „Die Stadtbevölkerung hat sie heute noch durch ihre Sehnsucht. Die Landbevölkerung ist korrumpiert."

„Das Kunsthaus Wien ist das erste Bollwerk gegen eine falsche Ordnung der geraden Linie. Der erste Brückenkopf gegen das Rastersystem und gegen das Chaos des Nonsens." Tief nachdenklich gestimmt, besonders von den letzten Worten, folgen wir ihm in die oberen Stockwerke.

Im ersten und zweiten, wo eine ständige Ausstellung der Werke und über das Leben von Friedensreich Hundertwasser auf 750 m^2 geplant ist, fallen zunächst – aus einzelnen Elementen wie Kugeln, Zylinder, Spielzeugkegeln zusammengesetzt – nichts tragende Säulen auf.

Bedauerlich ist allerdings, daß es über so viel Erfindungsgabe des Meisters kaum Wandflächen gibt, um auch nur mittelgroße Bilder auszustellen.

Die Blinden werden sich mit gesteigertem Fußgefühl begnügen müssen. Wir steigen wieder zum Erdgeschoß. Das Treppengeländer ist liebevoll aus Stücken von Schrotthalden gestaltet. „Naturnahe Architektur ist ein Geschenk an die Außenwelt", sagt der Meister.

Es erwartet uns eine Überraschung: Mehr durch Zufall als absichtlich hat ein Arbeiter einen Wasserhahn geöffnet, und ein Brunnen aus collagenhaft zusammengesetztem Gestein beginnt zu plätschern. Verzückt sagt der Meister: „Sie wohnen einer Weltpremiere bei!“ Er ist in seiner kindlichen Freude so liebenswert, wie Träumer es nur sein können.

Daß er auf diese Weise wirkt und Wirkung hat, ist legitimiert durch die Beschaffenheit der menschlichen Psyche: Wie alle Weltverbesserer – er nennt sich selber so – arbeitet er mit religiösen Mitteln, nämlich mit der Kombination von Bedrohung und Verheißung.

Daß eine bunte, auch international geschätzte Künstlerfigur wie Friedensreich Hundertwasser willkommen geheißen wird, ist begreiflich: Neben der Spanischen Reitschule, den Sängerknaben und der Sachertorte ist er immerhin eine Touristenattraktion erster Ordnung. Und wenn die Stadtväter ihm erlauben, sich so ausschließlich mit Wien und Wien mit sich zu identifizieren und sich damit vor aller Welt bis auf die Knochen zu blamieren, so werden sie das Verhältnis von Nutzen und Schaden wohl ausgewogen haben.

Dolce vita

„WAS DU IN DER JUGEND BEGEHRST, HAST DU IM ALTER IN FÜLLE." Dieser Satz steht über Goethes „Dichtung und Wahrheit", und ich erfahre seine Wahrheit, seit das Licht meiner Lebenszeit immer schräger fällt – wobei ich Anlaß habe, ihn insofern ein wenig zu vervollständigen, als viel früh Begehrtes, das man später in Fülle hat, häufig so ist, daß man gern darauf verzichtet, oder aber, daß man nichts mehr damit anfangen kann. Zum Beispiel war's in meiner Kindheit in den frühen Zwanzigern mein glühender Wunsch, möglichst alle Ferien, Sonn- und Feiertage im Hotel Panhans auf dem Semmering hinzubringen. Das war damals für mich – und nicht nur mich allein – ein Ort der schieren Lustbarkeit. Auch im Pariser Ritz verschafft man sich heute nicht die Vorstellung von Luxus dort – und wenn ich Luxus sage, so meine ich nicht nur die Unterbringung und das Essen, sondern die Bedienung und alle Einrichtungen, die jedem Wunsch der Hotelgäste zuvorkamen und bereit waren, auch den exzentrischesten zu erfüllen. Von der Eleganz der Hotelgäste will ich erst gar nicht reden. Damals formten sich in meinem jungen Gemüt Begriffe, die man heute nicht mehr anwenden kann, ohne sich lächerlich zu machen, nämlich high life und große Welt ... unmöglich, das heute ohne Ironie über die Lippen zu bringen. Damals aber war das eine Realität, und ich wünschte mir, unablässig daran teilzuhaben, sommers in weißen Flanellhosen und viel zu dickem Pullover mit einem Tennisschläger, der größer war als ich, und winters mit Telemarkschwüngen um einen Alpenstock einen sanften Abhang niedergleitend. Und obwohl es mir schmeichelte, aus dem Mund einer schönen, jungen Frau zu hören: „Schau mal, wie herzig der Bub da ist", durfte ich damals denken: „Na wart nur, bis du endlich mit mir im Bett liegst, es kann sich ja bloß um ein paar Jahre handeln.“ Leider gingen diese Jahre zum Großteil in öden Schulzimmern und anderen Trivialitäten hin und so blitzgeschwind, daß ich gar nicht merkte, wie rasch mir die Realität des Panhans zum Traum zerfloß. Heute könnte ich ihn mir erfüllen. Nichts steht mir im Weg, mich dort für einige Wochen – etwa zur Fertigstellung eines Romans – niederzulassen. Und weil ich hörte, daß man im Begriff ist, das ehrwürdige, aber arg vernachlässigte Haus nach den Bedürfnissen des heutigen Publikums umzugestalten, bin ich hingefahren, um's in Augenschein zu nehmen.

Umgestaltet wird es in der Tat, und zwar den Bedürfnissen des heutigen Publikums angepaßt. Der sympathische junge Herr, der mir die Pläne zeigte, gab an, daß dieses Publikum traditionsgemäß aus Osteuropa zu erwarten sei. Ich sah mich also umgeben von dem, was heute anstelle polnischer und ungarischer Magnaten, levantinischer Tabaknabobs und rumänischer Erdölquellenbesitzer dorther kommt, auf einer Terrasse mit dem Blick auf die bunte Wanzenkolonie der Autodächer eines riesigen Parkgeländes, vor einem Frühstückstablett und Marmeladenpackungen, an denen man sich entweder die Finger bricht oder knöcheltief in sie hineinfährt, ich sah mich abends in einem Gesellschaftsraum, der vom Wartesaal erster Klasse eines Hauptbahnhofes sich kaum unterscheidet, hörte die Stimmen von ostdeutschen Kongreßteilnehmern sich mit tschechischen und jugoslawischen vermengen und stellte mir vor, wie ich zu Bett ginge in einem Zimmer, das mir vor Augen führt, inwiefern die Ideen der Justizbehörden zur Humanisierung des Strafvollzugs mit denen des Gaststättengewerbes übereinstimmen. Und weil der junge Hotelmanager, der diese Vision in mir heraufbeschwor, so sympathisch ist, beschloß ich, ihm die Peinlichkeit zu ersparen, daß er mich knapp drei Tage nach meiner Ankunft erhängt vom Fensterkreuz niederbaumelnd finden könnte.

Indes, das Leben hat launige Einfälle, die sich nicht unbedingt an die Maximen meines Kollegen Goethe und erst recht nicht um meinen

Zusatz zu ihnen kümmern, und so kann es geschehen, daß einem im Alter nur karg beschert wird, was man in der Jugend in Fülle hatte. Ich meine jetzt nicht das, woran Sie denken, sondern zum Beispiel die Fähigkeit zu tiefen Theatererlebnissen. Wie kommt es, daß dereinst eine Aufführung der Operette „Veronika und ihr Husar" mich wochenlang in Verzückung brachte, während ich heute im Burgtheater nach einer halben Stunde nicht mehr zu wecken bin? Oder aber umgekehrt: Als Bub war's immer schön, ins Ronacher geführt zu werden, wird sich aber das schiere Entzücken wiederholen, in das neuerlich André Hellers „Wintergarten" mich versetzt hat? Ich fürchte, ich werde lange darauf warten müssen (und viel Zeit habe ich nicht mehr), um einen Abend so reiner Freude und guter Laune, so voll witziger Einfälle und kabarettistischer Virtuosität und liebevoller Menschlichkeit zu erleben. Trösten kann ich mich und Altersgleiche mit dem Hinweis, daß man ja im Alter geistig viel intensiver erlebt, was in der Jugend physisch tiefgehend war. Wieder meine ich nicht, was Sie meinen, sondern ganz speziell Reiterlebnisse: high life auf Pferderücken in der großen Welt derjenigen, denen das Reiten mehr als einen Ertüchtigungssport bedeutete. Abgesehen davon, daß ich heute unmittelbar nach dem Aufsitzen von der linken Seite eines Pferdes auf der rechten wieder niedersinke und der Gaul durch die dröhnenden Ferrari und Porsche der heutigen großen Welt und noch mehr durch deren Jogger-Outfit scheu gemacht wird, kann ich das ja in jeder Weise besser haben, indem ich, wie Madame Reoamier auf einen Diwan hingeschmiegt, in Büchern über Pferdesport blättere – und eines davon möchte ich hier empfehlen: „Pardubitz" von Franz Thurn und Taxis. Kaum anderswo ist Reiterherrlichkeit so lebendig dargestellt wie in dieser prachtvollen Dokumentation über das Mekka des kontinentalen Pferdesportes, und ich kann sie ohne Nostalgie lesen und betrachten, denn die Glorie von Pardubitz ist 1914 untergegangen, und da war ich kaum geboren.

Zwanzig Jahre später habe ich – ich muß es beschämt gestehen – den Sattel auf dem Pferderücken nur zu häufig mit dem Hocker in der Kärntnerbar vertauscht, wo damals die unvergeßliche Mimi aufstrebenden Talenten meiner Art Gelegenheit zur Ausbildung integraler Nichtsnutzigkeit gab. Es war die große Zeit des Nachtlebens und dessen großer Welt, die sogenannte Galerie – bestehend aus allem, was erst nach vier Uhr früh ins Bett kam, von Barmusiker über Barmixer, Gulaschhüttenkellner und Würstelverkäufer bis zu den Damen, die damals noch mit sehr viel seriöserer Berufsauffassung auch so spät noch auf den Strich gingen – diese Galerie, sage ich, hatte sogar eine eigene Geheimsprache, der kindlichen Bébé-Sprache nachempfunden, aber sehr viel komplizierter. Jedes Wort begann mit dem ersten Vokal der ersten Silbe, wurde am Silbenende zerschnitten, danach kam der Konsonant – oder die Konsonanten – des Wortbeginns mit einem angehängten E, und wieder darauf folgte der erste Vokal der zweiten Silbe mit dem angehängten Konsonanten plus E. Zur Vereinfachung kam auch noch der Wiener Diminutiv Erl hinzu. Mimi hieß also Immerlme Ime. Für feststehende Begriffe gab es Siegel – zum Beispiel fürs Götz-Zitat „Schikaneder". Ich weiß nicht, ob die Zunftsprache noch im Umlauf ist, ich habe den Kontakt mit der großen Welt der Galerie verloren, aber man kann sich den Stolz eines Zwanzigjährigen vorstellen, der sich bei Morgengrauen in diesem Idiom mit dem Rosenschani unterhielt – vermutlich ein Polizeispitzel, der den Kopf in jedes Nachtlokal steckte, den Rosenstrauß, den ihm niemand abkaufte, jedermann unter die Nase hielt und, nachdem er gesehen hatte, wer wo war, in die nächste Kneipe weiterzog. Was solchen Lebensreichtum betrifft, so gibt das Wien von heute mir keinen Anlaß, an der Weisheit Goethes zu zweifeln. Ich könnte in Fülle haben, was ich damals begehrte, obwohl ich's eh schon füllig gehabt habe. Nichts ist in Wien mit der gleichen archäologischen Akribie wiederbelebt worden wie das Nachtleben, und vieles ist neu dazugekommen. Dabei aber stellt sich nun doch auch die Wahrheit meines Zusatzes zu Kollege Goethes Ausspruch heraus. Ich kann mit dieser Fülle echt wenig anfangen. Was soll ich in einer Diskothek? Ich bin eh schon terrisch. Wie soll ich mich verhalten, wenn es mir gelungen ist, mich durch die Phalanx sportlich gestalteter Junganwaltsrücken zur Theke durchzuquetschen, um dort mit einer Blonden anzubandeln, wobei sich herausstellt, daß es die Enkelin meines besten Freundes ist, dem sie zu seinem jauchzenden Vergnügen alles brühwarm erzählen wird? Find' ich noch Trost oder gar Anregung in Mischgetränken – ich, in den man alle Sorten Alkohol hineinschütten kann, ohne die geringste Regung von Menschlichkeit hervorzurufen? Das kommt ganz einfach zu teuer, die Preise sind um so gesalzener, je tiefer die Nacht über die Stadt sinkt.

Es gibt freilich auch für unsereins noch Stätten ungetrübten Genusses. In einem Etablissement, dessen Name allein mein wieder kindlich gewordenes Gemüt träumerisch stimmt – er hat etwas mit einem rosa Elefanten zu tun –, werde ich von Frauenhuld umfangen wie Tannhäuser im Hörselberg, und ich muß dabei nicht unbequem auf einem Barhocker verweilen, nein, ich könnte meine Glieder auf einem Lustlager strecken. Leider strecken sich in meinem Alter nicht alle Glieder – manche sind zu steif (meistens die falschen). Was also bleibt unsereinem – ich meine jetzt nicht alte Leute, sondern feine und anständige Leute wie ich –, was bleibt unsereinem übrig, als die gute alte, die wundervolle, ewig jugendliche, anständige und feine Eden? Dort bin ich zu Hause (allerdings nur in Abständen von zehn Jahren, ich lebe ja fern von Wien). Dort leiht mir an der Bar, an die ich mich nicht zu quetschen brauche, eine geniale Mixerin ein Ohr, das dem der seligen Immerlme Ime aus der prähistorischen Kärntnerbar an Verständnistiefe ebenbürtig ist. Dort kann ich eine halbe Nacht lang sitzen und zuschauen, wie die seriösen Herrschaften eines Rotarierclub-Treffens beim Boogie-Woogie Glieder lockern, die steif sein müßten wie die meinen, aber in der Aura der großen Welt zu zucken beginnen wie die von Hampelmännern. Und dort ist mir auch endlich widerfahren, was den Sinnspruch Goethes unvergänglich in mich eingemeißelt hat.

Man hat ja im Laufe des Lebens so allerlei Träume. Nicht nur Wunschträume, sondern auch hellsichtige Visionen von Zuständen, Ereignisse, die dann eines Tages sich tatsächlich einstellen. Bedauerlicherweise hat alle Prophetie den Makel der Relativität der Proportionen. Wenn einem die Kartenaufschlägerin sagt: „Passen Sie auf, die Treff Sieben liegt so, daß Sie demnächst große Schwierigkeiten mit der Technik zu erwarten haben, übrigens auch Ärger im häuslichen Leben", so brennt einem am Stichtag der elektrische Teekocher und die Frau durch.

Wohlan, mir hat das Geschick beschert, daß auch die Proportionen meiner Hellsicht stimmten. Und zwar in der Eden. Schon seit den Tagen der Josephine Baker schwebte in meinem Geist die Vorstellung, es könnte einmal eines dieser anbetungswürdigen haselnuß- oder kaffeebohnenbraunen Geschöpfe, die uns in Nachtclubs die tiefsten Lebensweisheiten vorsingen („Love is just a bunch of cherries ..."), sich plötzlich mir nähern und, das Mikrophon nah an den herrlich rotgeschminkten Stempelkissenlippen, aus denen Raubtierzähne schimmern, sich zu mir zu neigen, um für mich, für mich allein zu singen ... ja, sie könnte im Bann meines bewundernden Blicks sich naturhaft ungehemmt auf mein Knie schwingen, den Arm um den Hals schlingen und mich an einen Busen ziehen, an dem all mein Sehnen und Begehren endlich Stillung findet. Seit meiner Adoleszentenzeit, beinah ein dreiviertel Jahrhundert, habe ich diesen Traum gehegt. Und – was soll ich viel reden – neulich in der Eden hat er sich endlich erfüllt. In Fülle.

Ich werde jetzt öfter dort anzutreffen sein.

Wunderbar

WAS EIN GUTER BARMANN IST, weiß wahrscheinlich keiner besser zu schätzen als einer aus meiner Generation. Wir, die heute über Siebzigjährigen, haben noch die Blütezeit der Bars mitgekriegt. Ich meine damit eine ganz bestimmte Art der Bars, nämlich die der klassischen American Bar, die ebensolange geblüht hat wie der unverfälschte amerikanische Mythos in unserer europäischen Einbildung. Und wenn ich sage „unverfälscht", so spreche ich von der Zeit vor dem Massenauftritt von jungen gummikauenden und Coca Cola saufenden Fräuleintreibern in lehmfarbenen Uniformen, die jenem Mythos plötzlich eine ernüchternde Wirklichkeit entgegengestellt haben. Sie waren nicht vorgesehen in dem Bild, das wir in den ersten Dezennien des Jahrhunderts uns von Amerika gemacht hatten. Zwar waren sie schon 1917 kurzfristig lehmfarben aufgetreten, aber in ihren Wickelgamaschen und flachen Stahlhelmen kaum unterscheidbar von ihren britischen Vettern, mit denen sie aus den Schützengräben Flanderns gekrochen waren; und jedenfalls dank ihren Tanks als siegreiche Vorboten einer technologischen Entwicklung, in welche damals alle Welt die verstiegensten (bis heute noch nicht gänzlich entmutigten) Hoffnungen setzte. Mit dieser erdferkeligen Epiphanie, mit welcher die Zukunftserwartungen der Menschheit dem Fließband Henry Fords übergeben wurden, breitete die Legende vom Land der unbegrenzten Aufstiegsmöglichkeiten vom zeitungsaustragenden Schuhputzerjungen zu den Millionen Rockefellers sich epidemisch aus. Ihre Stimmung speiste sich hauptsächlich aus drei Quellen: dem Jazz, dem Film und – ja, eben der American Bar.

Unverfälscht, wie gesagt, ist sie heute nicht mehr anzutreffen (wie leider auch der alte Mythos nicht). Nur mehrsternige Hotels bewahren noch eine klobige Variante, die aber mit ihrer Abweichung in den Lounge-Charakter und dem unverwüstlichen Klavierklimperer in einem Winkel schon den Übergang zum Nightclub darstellt. Man kann zwar auf einen der Hocker klettern und sich in die Flaschenbatterien hinter dem Mixer feststarren; aber nur charakterlich sehr Gefestigte widerstehen noch der Versuchung, sich umzudrehen und jenen den Rücken zuzuwenden, um lieber auszuspähen, ob nicht im einen oder anderen der klerikal schwarzen oder roten Lederpolsterstühle um die spiegelnd hochpolierten (dem freizügigen Angebot von Erdnüssen, Salzmandeln, Zwergbrezeln und ähnlichen Grauslichkeiten zweckbestimmten) Nischentischchen im intimen Schein seidenbeschirmter Ampeln ein attraktives Weibsstück ins Blickgeplänkel zu ziehen sei.

Dieser Übelstand geht nicht allein aufs Konto der pompös ausgearteten Innenraumgestaltung. Im Wechselspiel damit steht die sinkende Qualität eben der Mixer hinterm Tresen. Die großen Barmen sterben aus. Was meinerzeit neben Symbolgestalten wie Duke Ellington, Count Basie, Lester Young, Max Roach in unseren Ohren und im Kino Gloria Swanson, Jean Harlow und deren delikat beschnurrbartetem Beischläferstab zu den Botschaftern der triumphal aufziehenden Amerikanik gehörte, den Herolden einer neuen Weltzeit – die Barmen mit den Schiffchenmützen auf den glattgescheitelten Charakterköpfen: die genialen Erfinder der Highballs, Flips und Cobblers, die wortkarg weltkennerischen Zuhörer weinerlicher Männermonologe, die Seelsorger gefühlstriefender Gewohnheitssäufer – diese vorbildliche Gattung des US-geprägten Übermenschen, dessen Vorfahren in den Western-Saloons den Revolvern der Rauhreiter ebenso unerschüttert entgegengeblickt hatten wie er selbst den Rodomontaden der Herrn Scott Fitzgerald und Ernest Hemingway, ist heutzutage ersetzt durch Milchbärte, die kaum noch ihre drei aus dem Supermarket bezogenen Whiskey-Marken voneinander unterscheiden können.

Wenn außerhalb der immerhin noch traditionsbewußten Luxuskarawansereien die harte, ursprünglich dem mannhaften Trinken allein geweihte American Bar zum Treffpunkt händchenhaltender Limonadelutscherpärchen geworden ist, so entspricht das (nicht ohne die paradoxale Ironie, die historischen Entwicklungen häufig innewohnt), daß es amerikanische Soldaten waren, die einen gründlichen Wandel des Bildes von Amerika und dessen Mythen in uns herbeigeführt haben. Zwar stellten den Hintergrund dafür immer noch die Skylines futuristisch himmelstrebender Wolkenkratzer; aber die begann man ja selbst zu bauen und ward sich bald darüber klar, wie rasch sie altern: und sie gaben auch keineswegs verläßliche Brutstätten für den Großen Gatsby und fiestafeiernde Stierkampf-afoscinados her: die waren immer schon besser in provinzkleinbürgerlichen Einfamilienhäusern gediehen. Weder die erträumte Weltläufigkeit Scott Fitzgeralds noch das Macho-Getrommle auf Hemingways haariger Brust (beide so grundsentimental, daß sie in der Tat des Beichtvaters hinter dem Bartisch bedurften) fand eine Fortsetzung in den verpflanzten, ungeschickt zwischen Besatzer-Überheblichkeit und Minderwertigkeitsgefühlen hin und her schwankenden, frauenlosen, dafür mit einem Übermaß an bösartigem Kriegsspielzeug ausgestatteten Jugendlichen in lehmfarbenen Uniformen, die wir nach 1945 als leibhaftige Amerikaner kennenlernten. Mit der Vulgarisierung, die jede Soldateska in ein Land bringt, das sie überzieht (nicht die Vulgarisierung unseres Landes: bei uns gab's damals nichts mehr zu vulgarisieren, das hatten wir schon vorher selbst besorgt; aber eben die Vulgarisierung des Feindbilds, das wir ja so hoch gehalten hatten), ging auch flöten, was die obengenannten Literaten in unsere Phantasie eingepflanzt hatten: die Vorstellung von einem erzamerikanischen Menschentyp, in dem das ungehemmte Freiheitsgefühl der Söhne eines noch nach allen Seiten hin offenen Kontinents sich auf das lockerste mit angelsächsisch gelassener Formsicherheit und dem nachbarliche Beziehungen förderlichen ethischen Streben nach Selbsterkenntnis paarten. Und genau das war's, was wir (auch an der Brust) Weißhaarigen bei einem guten Barmann voraussetzten, als wir uns als Zwanzigjährige auf den Hocker einer American Bar schwangen. Dabei war's gar nicht nötig, daß sich's um einen Amerikaner handle. In meinem Fall – das heißt: in der Knospenzeit meines Hartsäufertums – war's nicht einmal ein Mann, sondern eine Frau. Die American Bar, in der sie wirkte, war allerdings der ideale Prototyp einer American Bar. Sie heißt denn auch heute so. Ihr Architekt war Adolf Loos. Dementsprechend ist sie funktionell sowohl wie auch ästhetisch von einer japanischen Knappheit; ein Bartresen, sechs Hocker, im engen Raum dahinter greifbar nah zwei Tische für eventuelle Weiblichkeit, eine Steiltreppe zum Klo. Das ist alles. Und mehr bedarf's ja auch nicht.

Die Lage dieser Wunderbar im Wiener Kärntner-Durchgang (einer kurzen Verbindung zwischen der Kärntner Straße und der Seilergasse, gleich beim Stephansplatz) machte sie zu meiner Zeit, als Müßiggang noch nicht als beschämendes, sondern als ein erbauliches Laster aufgefaßt wurde, zum perfekten Aufenthaltsort, um sich allmorgendlich von der Behandlung zu erholen, der man sich beim genau gegenüberliegenden Herrenfriseur Preibisch hingegeben hatte: Rasieren, Haarwäsche, Kopfmassage und Wechselaufklatschen von brühend heißen und eiskalten Gesichtskompressen, um die durch die Nacht erschöpften Lebensgeister wieder aufzufrischen. Danach fand man sich bei Mimi in der (damals so genannten) Kärntnerbar ein. Mimi war, wie bereits erwähnt und ja auch der Name aussagt, eine Frau, also von Natur aus mehr und besser als ein Mann und folglich eine bessere Barfrau, als es ein Barmann jemals sein konnte. Ihre Kenntnis an reinem Stoff und Mischgetränken hätte die Schnapsorgel von Huysmans Herzog des Esseintes zumindest um die Cocktails bereichern können. Das tiefe menschliche Verständnis, mit dem sie meinen Liebesgeschichten und finanziellen Alltagssorgen lauschte, hielt sich die Waage mit der Bereitwilligkeit, jeden Pfandschein zu belehnen, den ich ihr frisch aus dem Dorotheum vorlegte, wo ich gerade dies oder jenes Meißnergrüppchen, Schnupftabakdöschen oder Perserbrückchen aus dem überladenen Haus meiner Großmutter versetzt hatte. In Mimi paarte sich tatsächlich der freiheitliche Geist der neuen, unbekümmert um muffige Moralistenüberlieferungen aufs unmittelbar Nützliche eingeschworenen Welt mit den besten Traditionen einer alten, die noch die Werte des Müßiggangs, der Promiskuität und der Gleichgültigkeit gegenüber anderer Leute Sorgen und Angelegenheiten (soweit sich's nicht um enge Freunde oder gute Kunden handelte) hochhielt. Den Jugendlichen aus Übersee in ihren lehmfarbenen Uniformen hätte sie eine wundervolle Lehrmeisterin abgeben können: eine Entkeimerin der amerikanischen Scheinheiligkeit durch den europäischen Zynismus in einer Zeit, in welcher die beiden Gefahr liefen, zu einer Art pharisäischer Knallgasmischung sich zusammenzubinden. Aber Mimi gab's leider nach 1938 nicht mehr; ich nehme an, sie war Jüdin, wiewohl von jener blonden Molligkeit, die man der semitischen Rasse – irrigerweise! – nicht zuschreibt. Und in den Jahren zwischen ihrem Verschwinden (und dem Niedergang der Kärntnerbar, die doch so ungemein prototypisch eine American Bar gewesen war) und dem massenhaften Auftauchen der gummikauenden und Coca Cola saufenden lehmfarbenen Fräuleintreiber (1945) vollzog sich eine paradoxe Angleichung des europäischen Lebensgefühls an das der letzteren und umgekehrt: der europäische Zynismus tarnte sich puritanisch moralinsauer, und die amerikanische Scheinheiligkeit blähte sich am europäischen Kulturerlebnis noch verwirrter seelenvoll auf, als sie's durch das Mißverständnis der Lehren von Professor Sigmund Freud ohnehin geworden war. Aber wie gesagt: Mimi gab's mit dem Krieg nicht mehr; und von denen, die ihre und ihrer männlichen Artgenossen, der großen Barmen, Qualitäten zu schätzen gewußt hatten – eben die Angehörigen meiner Generation –, waren die meisten herausgeschossen (es fallen ja in einem Völkerringen bekanntlich immer nur die Besten). Was sich danach vollzog – in den Besatzungsjahren, die nicht nur unsere, sondern die gesamteuropäische Wirklichkeit prägten –, war die Angleichung der Tages- (Abend- und Nacht-) Bar an die Feierabendstunden von Festangestellten. Unsereins, von frühen Mannesjahren an gewöhnt, gegen die Mittagszeit stechenden Durst zu empfinden und ihn an einer American Bar löschen zu können, ging mit verlederter Zunge durch den Tag. Nur gegen Abend öffneten sich die Erholungsstätten der lehmfarbenen Jugendlichen, die tagsüber brav ihr bösartiges Kriegsspielzeug gewartet hatten und zur Dämmerstunde mit einem Sechserkarton Bier – oder Coca-Cola-Flaschen, zwei Päckchen Lucky Strike und einem Paar Nylonstrümpfen aus dem PX sich zu ethnisch-kulturell gehobener Glückseligkeit verhelfen konnten, und deren weiblichen Spielgefährtinnen, die nach Geschäftsschluß ihrer Eltern Traum von Amerika anhand (und Schoß und Lippe) des Tatsächlichen korrigieren mußten. Ob das zu gegenseitigen Enttäuschungen führte oder nicht, steht hier nicht zur Debatte. Feststellbar ist lediglich, daß die ursprüngliche American Bar sich zu dem Joint wandelte, das heutzutage abends leersteht, um nach Schluß der Kinovorführungen sich bei Rockmusik zum Bersten der Lokalwände und der Trommelfelle zu füllen.

Ohne den Hinblick auf diese historische Entwicklung ist meines Freundes Charles Schumanns Genie nicht zur Genüge einzuschätzen. Dieser Barmann von echtem Schrot und Korn – geistig unabhängig wie nur einer der Neo-Amerikaner, die ihren Traum von Amerika nicht aus der Literatur von Scott Fitzgerald und Ernest Hemingway bezogen haben, sondern von den Schokoriegeln, die ihnen (als Buben) von lehmfarbenen Jugendlichen aus der Höhe der Jeeps zugeworfen worden waren; gleichzeitig ein Erbe europäischer Gastgewerblichkeit im besten handwerklichen Sinn – dieser auch körperlich mit einem athletischen Amerikaner leicht zu verwechselnde Deutsche hat das erstaunliche Kunststück vollbracht, den Charakter des GI-Joints und der Diskothek (nicht gerade still, immerhin aufs Erträgliche gedämpft) mit der klassischen American Bar zu verschmelzen. Ich könnte mich stundenlang damit vergnügen, präzise zu analysieren, womit ihm das so unvergleichlich besser gelingt als anderen Barkeepern mit gleich oder ähnlich zugeschnittenen Lokalen (hier wie dort nach dem Vorbild des Western-Saloons). Aber bei aller Genauigkeit und Ausführlichkeit liefe es doch aufs letztlich Undefinierbare heraus: Charles' Persönlichkeit. Und es liegt im Wesen der Persönlichkeit, daß sie sich ins Legendäre flüchtet wie etwa die von Scott Fitzgerald oder Ernest Hemingway oder von Mimi aus der Kärntnerbar.

Heimkehr nach Tschernopol

ICH WURDE GEBOREN ZU CZERNOWITZ, der ehemaligen Hauptstadt des ehemaligen, zum cisleithanischen Teil der ehemaligen österreichisch-ungarischen Monarchie gehörigen Herzogtums der Bukowina, ein östlicher Landstrich längs der aus der Tatra auslaufenden Waldkarpathen, der 1775 als Entgelt für die Vermittlung im russisch-türkischen Krieg vom ehemaligen Reich der Ottomanen ans ehemalige kaiserlich-königliche Österreich-Ungarn abgetreten und zunächst dem ehemaligen Königreich Galizien zugeordnet gewesen, nach 1848 jedoch eines der selbständigen ehemaligen Kronländer des Hauses Habsburg geworden war. Bis auf die Stadt, deren Name im Verlauf der geschichtlichen Entwicklung einige Veränderung erfahren hat – von Czernowitz über Cernăuţi zum heutigen Czernowce – ist alles ehemalig, das heißt: nicht gegenwärtig, nicht eigentlich vorhanden, was meinem Geburtsort die Aura des Sagenhaften, also des Irrealen verleiht.

Es erweist sich als müßig, dieses mythenhafte Zwielicht historisch aufzuhellen. Daß die ehemalige k. u. k. Monarchie seit 1918 nicht mehr besteht, dürfte sich herumgesprochen haben; gleichwohl tat man im ehemaligen Czernowitz, nun Cernăuţi, als glaubte man nicht recht daran. Deutsch war immer noch die allgemeine Umgangssprache, Wien die nächstliegende Metropole, der man den Rang der Hauptstadt nicht absprechen wollte. Zwar war die Realität so „shakespearischer“ Königreiche wie Galizien und Lodomerien fragwürdig geworden; trotzdem sprach man davon, als gäbe es sie noch, ebenso wie man heute von der Bukowina spricht, als gäbe es sie immer noch, obwohl sie seit 1940 nicht mehr besteht. Vom Ende der österreichisch-ungarischen Monarchie bis damals hatte sie dem ehemaligen Königreich

Rumänien zugehört, eine Zeitspanne, in welche mein Heranwachsen vom Kind zum Adoleszenten fiel. Das Heranreifen zum Mann vollzog sich anderswo.

Damals, von 1919 bis 1940, herrschten die Rumänen mit einer Selbstgewißheit, die sich auf die Behauptung stützte, die Bukowina sei seit den Dakern rumänisches Urland, was angezweifelt werden kann. In Czernowitz, nunmehr auf rumänisch Cernăuţi, nahm man sich nicht die Mühe, es in Frage zu stellen. Man sah im rumänischen Zwischenspiel kaum mehr als eine Umkostümierung der ohnehin operettenhaften Staffage. Die Uniformen österreichischer Ulanen waren von denen rumänischer Roşiori abgelöst, bei Infanteristen schaute man sowieso nicht genauer hin, der Unterschied war nicht gewichtiger als im Stadttheater der Szenenwechsel von der „Gräfin Marizza" zum „Zigeunerbaron" und schließlich zum „Bettelstudenten". Es dauerte kaum mehr als zwei Jahrzehnte, bis der ehemalige schwarz-gelbe Anstrich an Mautbalken und Türflügeln von Tabaktrafiken blau-gelb-rot überpinselt und der Doppeladler auf den Giebeln öffentlicher Gebäude durch das Staatswappen des Königreichs Rumänien ersetzt war; dann, schon 1940, gilbte dort der Sowjetstern, Cernăuţi wurde zu Czernowce, und die Bukowina war ehemalig geworden, es gab sie nominell nicht mehr. Durch einen Staatsvertrag zwischen dem ehemaligen Dritten Reich und Rußland, der sich souverän über die Legende vom rumänischen Dreierland hinwegsetzte, war sie zweigeteilt worden. Das Gebiet südlich des Sereth wurde mit der Moldau des heutigen Rumänien vereint, der nördliche Teil mit Czernowitz der Ukraine zugesprochen. Damit war das nunmehrige Czernowce auch keine Hauptstadt mehr, denn die Hauptstadt der Ukraine ist Kiew.

Immerhin steht fest, daß ich in Czernowitz, im vorrumänischen, im ehemals österreichischen, geboren bin, und auch das dürfte sich herumgesprochen haben. Es steht zu lesen in Kurzbiographien auf den Waschzetteln verschiedener Bücher aus meiner Feder und sogar –

wenngleich nicht unbedingt löblich – in einigen Literaturgeschichten der Nachkriegszeit sowie in Nachschlagewerken, welche die Aufnahme in die Namenliste prominenter Zeitgenossen nicht gerade abhängig machen vom Bezug mehrerer kostspieliger Exemplare, aber den Ankauf so dringlich nahelegen, daß man vermuten muß, sie werde bei Weigerung nicht erfolgen. Vor dieser Bekanntgabe meiner Herkunft, die ich nun leider nicht verleugnen kann, pflegte ich, wenn ich danach gefragt wurde, mit der Antwort zu zögern. Die Gründe dafür waren zweierlei: Erstens, weil die Angabe, aus Czernowitz zu stammen, ein kaum jemals unterdrücktes „Aha!“ zur Folge hat. Das beschränkt sich nicht auf den Großraum der ehemaligen k. u. k. Monarchie, in dem der Name Czernowitz einen festen Begriff darstellt; auch in weniger epochenverschlepperischen Regionen scheint man Czernowitz zu kennen als den Schauplatz der meisten galizianischen Judenwitze und die Brutstätte eines Menschenschlags von unverwechselhafter Prägung. Meine Heimatstadt hat Weltruhm erworben als Schmelztiegel eines guten Dutzends von ethnischen Gruppen, Sprachen, Glaubensbekenntnissen und Lebensgewohnheiten, wo sie zum Amalgam eines quintessentiellen Schlawinertums ausgebrodelt und sublimiert wurden. Wieweit die Zugehörigkeit als Vorzug aufgefaßt werden kann, steht dahin. Ich habe mich mein Leben lang bemüht, das Bestmögliche daraus zu machen. Dem Lyriker Celan, der gesagt hat, es sei ein Ort gewesen, an dem Menschen und Bücher lebten, ist Besseres gelungen.

Der zweite Grund für ein gewisses Zögern, wenn ich zugeben soll, daß ich ein Czernowitzer bin, ist wieder zweifach. Von den siebeneinhalb Jahrzehnten meines Erdendaseins war ich knapp das erste dort. Nach meinem neunten Lebensjahr bin ich nur noch sporadisch hingekommen – leider!, denn es gab viel zu lernen in Czernowitz. Das letztemal war ich dort mit zweiundzwanzig, 1936, also vor mehr als fünfzig Jahren. In einer solchen Zeitspanne verwischt sich die ursprüngliche Prägung. Entscheidend aber hat zur Entfremdung das zunehmend Ehemalige und Irreale meiner Herkunft beigetragen. Es klingt, als hätte ich Czernowitz erfunden – und damit mich selbst.

Nun verhält es sich tatsächlich so, daß ich mein Czernowitz erfunden habe. Sieht man ab von den „Maghrebinischen Geschichten", die ich nicht hätte schreiben können, wäre ich nicht dort geboren und – wenn auch nur zeitstreckenweise – dort aufgewachsen, so spielt die Stadt eine schicksalhafte Rolle in drei anderen meiner Bücher: hauptsächlich im Roman „Ein Hermelin in Tschernopol", nebensächlich in den „Denkwürdigkeiten eines Antisemiten" und wieder schicksalsträchtig in einer weitgehend autobiographischen Darstellung der Protagonisten meiner Kindheit mit dem Titel „Blumen im Schnee". Mit alledem habe ich natürlich nicht Reiseführer durchs konkrete Czernowitz-Cernăuţi-Cernowce schreiben wollen, sondern Schilderungen eines mythenhaften Topos. Besonders im Roman, in dessen Titel ja der Name Tschernopol darauf hinweist, daß es sich um eine literarische Überhöhung handelt, diente mir die Erinnerung an die Stadt meiner Kindheit sozusagen als Knochengerüst für die Modellierung des mythischen Schauplatzes einer mythenhaften Handlung. Denn es ist der Roman einer Kindheit, und in der Kindheit ist alles mythenhaft. Das gilt auch für die Schilderung der Stadt in „Blumen im Schnee", obwohl der deklariert autobiographische Charakter dieses Buchs mich verpflichtet hat, das Tatsächliche – oder jedenfalls das Effektive – so wahrheitsgetreu zu beschreiben, wie ich es in Erinnerung hatte.

Bekanntlich aber ist die Erinnerung nicht unbedingt zuverlässig. Sie wählt willkürlich aus, was sie behalten will, schiebt weg, was ihr nicht behagt, rückt das Emotionelle in den Vordergrund, verklärt und verzerrt. Absichtlich sowohl wie unabsichtlich habe ich so zur Entwirklichung meines Herkunftsortes beigetragen und damit seiner – und wiederum damit meiner – ohnehin legendären Windigkeit auch noch den Nimbus des Unglaubwürdigen verliehen.

Das ficht mich wenig an, soweit es um die ethische Frage der Wahrheitstreue geht. Ich bin ein Schriftsteller und habe als ein solcher nicht nur das Recht, sondern geradezu die Verpflichtung, die Wirklichkeit bis hart ans Unglaubwürdige zu überhöhen. Wer aber wie ich, um das zu erreichen, beständig das Autobiographische heranholt, es paraphrasiert und variiert, fiktiv und hypothetisch einsetzt, der läuft Gefahr, sich selber auf den Leim zu gehen – das heißt: bald selbst nicht mehr zu wissen, was real und was irreal ist. Das geht übers Moralische hinaus. Es nähert sich bedenklich der Schizophrenie.

Weil ich ein gewissenhafter Mensch bin, habe ich mich auf das Abenteuer eingelassen, mein erfundenes Tschernopol mit dem in Czernowce tatsächlich weiterexistierenden Czernowitz zu konfrontieren. Ein um so kühneres Unternehmen, als ich ja nicht nur mir selbst, sondern auch meiner mythischen Heimatstadt mehr als ein halbes Jahrhundert Zeit gelassen hatte, sich ins Unvorhergesehene zu entwickeln. Natürlich mußte ich voraussetzen, das das ukrainische Czernowce, vom Mischmasch aus Volksdeutschen, Rumänen, Polen, Russen, Juden, Ungarn, Slowaken und Armeniern reingefegt nicht mehr das Czernowitz, beziehungsweise Cernăuţi sein konnte, das ich 1936 zum letztenmal betreten hatte. Desgleichen, daß das hybride Wachstum, das alle Siedlungen in aller Welt zum Auswuchern gebracht hatte, nicht auch Czernowce befallen haben sollte – dieses Chamäleon unter den Städten, das der Heimatdichter Karl Emil Franzos um 1890 als ein „Huzulendorf mit pseudo-byzantinischen, pseudo-gotischen und pseudo-maurischen Bauten“, wenig später als „eine Schwarzwald-Idylle“ und schließlich als „Klein-Wien“ beschrieben hatte; daß also mancherlei, was ich in Erinnerung behalten hatte, im Trend des pseudo-amerikanischen und pseudo-russischen Zukunftsgestaltungswillens niedergerissen, von Baggern ausgehoben und unter Tonnen von Eisenbeton verschwunden sein mochte. Die Gefahr von solcherlei Entwicklung sprach nicht dagegen, daß die Hauptstadt der nicht mehr existierenden ehemaligen Bukowina ein Provinznest der Sowjetunion geworden war, in dem mir vermutlich an allen Ecken und in allen Winkeln die Verwahrlosung entgegentreten würde. Nichts von alledem war – zunächst – der Fall.

Ich fand mich vor in meinem Czernowitz, dem rumänischen Cernăuţi zwischen zwei mörderischen Kriegen, als wäre ich nie weggewesen, ein Rip van Winkle, der sich den Schlaf aus den Augen reibt, ohne – zunächst! – wahrzunehmen, daß es ein Schlaf von einem (für mich allerdings nur halbem) Jahrhundert gewesen war. Um mich her stand alles an seinem Platz, genau so, wie ich es vor über fünfzig Jahren verlassen hatte. Nichts fehlte – auf den ersten Blick. Nur der zweite offenbarte winzige Veränderungen. Anders war, zum Beispiel, daß überall an beiden Straßenseiten Bäume gepflanzt waren. Sie prangten in jungem Grün, und das rückte die Stadt zusammen, machte die Straßen, Gassen und Gäßchen enger, gleichzeitig freundlicher, gewissermaßen kurorthaft. Es war ein Czernowitz, dem ich Abbitte tun mußte für meine skeptische Erwartung. Nichts war schmierig oder lotterig. Die Häuser waren frisch gestrichen, in einem kaiserlich russischen Erbsengrün. Das Pflaster war reingefegt – dasselbe von den Gummireifen der Fiaker blankpolierte Kopfsteinpflaster und dieselben Steinplatten der Gehsteige, über die meine Kinderschuhe hingetrippelt und die glatten Sohlen meiner ersten Tango-Versuche den Schönen auf dem Korso der Herrengasse nachgeglitten waren; und wohltätigerweise waren die Straßen auch heute noch frei von den blechernen Metastasen geparkter Autos. Der spärliche Verkehr rieselte ohne Stau und Stank und Getöse, beinahe geräuschlos ab. So fehlten denn auch einige von damals her vertraute Geräusche. Es fehlte das rüde „Hopp!“, mit dem die jüdischen Fiakerkutscher achtlose Passanten vor ihren Gäulen weggescheucht, und es fehlte das schwirrende Getschilpe der Spatzenschwärme, die überall auf die reichlich niederfallenden, feucht dampfenden Roßäpfel gelauert hatten. Die Fiaker waren verschwunden, und es fehlte auch die elektrische Straßenbahn, deren eigenwillig funktionierende Bremsen der Anlaß zu mancher heillosen Verwirrung im Straßenverkehr gewesen waen. Wendige Trolleybusse schlängelten sich entlang der eingeebneten Schienen, in denen dereinst die vergilbt rot-weiß-roten, schmalfenstrigen, wie große Spielzeugschachteln auf den kleinen Eisenrädern schwankenden Wagen nach tapferer Überwindung des Steilhangs zum Pruth-Tal vor dem Rathaus auf dem Ringplatz aufgetaucht waren und starrsinnig bimmelnd und in den Biegungen kreischend die Stadt bis über den Volksgarten hinaus durchquert hatten. Es fehlte das Gezänk der Dohlen in den Akazien vor der Landesregierung und um die Zwiebeltürme der Metropoliten-Kathedrale und das Rattern der Leiterwagen, auf denen die Bauern aus den umliegenden Dörfern zum Markt gekommen waren, ihr Schnapsgeruch und das klirrende Trappeln ihrer schlecht beschlagenen ruppigen Banjepferdchen. Die Akazien waren auf italienische Weise gestutzt, und die Bauernkarren von den Lastkraftwagen der Kolchosen ersetzt, das machte das Stadtbild adretter und gleich auch – im Vergleich – steril. Ich kam nicht aus dem Staunen. Das war ganz unbezweifelbar, greifbar konkret und wirklich das Cernauţi meiner Kindheit – und war doch wieder nicht das Czernowitz, das ich ein halbes Jahrhundert visionär in mir getragen hatte: die Steppenstadt Tschernopol, der mythische Schauplatz mythenhafter Geschehnisse. Es war das Inbild einer provinziell behäbigen, hellen, sauber gehaltenen und immer noch unverleugbar kakanischen Provinzmetropole, phänotypisch eine ehemalige Landeshauptstadt aus dem östlichsten Bereich der ehemaligen Doppelmonarchie, umflort noch von einem Schimmer deren dereinstiger Glorie. Vernünftig angelegte Straßenzüge präsentierten baukünstlerisch wohlgemeinte, aber anspruchslose Fassaden von Bürgerhäusern aus der Mitte des neunzehnten Jahrhunderts und dessen Wende ins zwanzigste, und auch stilistische Extravaganzen hielten sich in der Mittelmäßigkeit der Epoche. Die neo-gotischen Türme der katholischen, die pseudo-byzantinischen Kuppeln der orthodoxen, die pseudo-maurischen Zinnen der armenischen Gotteshäuser (einzig der prunkvoll neo-assyrische Tempel der Juden war, wie ich hören sollte, seit der deutschen Besatzung im Zweiten Weltkrieg zerstört) überragten urban die gleichmäßig hohen Dächer, und gleicherweise gemessen überbot die Neo-Renaissance von staatlichen Verwaltungsgebäuden und die Pseudo-Klassizistik der Garnisonskasernen die Übergänge der Gründerzeit-Architektur zum gezähmten Jugendstil. Alles das war eingebettet ins frische Grün der neugepflanzten Alleebäume.

Das war für mich ein Sturz ins Irreale. Ich durfte meinen Sinnen nicht mehr vertrauen. Die Stadt vor meinen Augen war Stein für Stein dem legendären Czernowitz nachgebaut, so wie ich es in meinem Tschernopol beschrieben hatte. Aber ihr überwältigendes Jetzt-und-Hier war seelenlos. Sie war gewissermaßen aus ihrer Weltzeit herausgenommen. Nicht in der Entwicklung stehen geblieben, sondern sozusagen darüber hinaus zurückdatiert. Dieses gegenwärtige Czernowce war eine Verleugnung des Cernăuţi zwischen den beiden Weltkriegen und sogar des altösterreichischen Czernowitz vor dem Ersten. In seinem äußerlich unveränderten Bestand hatte es sich in eine abstrakte, provinziell idyllische Belle Époque zurückversetzt, ein Gründerzeit-Traum von sich selbst, nur freilich ohne den Geist und das Leben der Epoche. Es war die Theaterdekoration für ein Schauspiel, das nie aufgeführt worden war, ein Widerspruch in sich: ein reingefegtes, gelecktes und gelacktes, keimfreies Tschernopol. Nichts war zu spüren von dessen Dämonie. Unerfindlich, was dem niedlichen Provinzhauptstadt-Modell, als das Czernowce im Jahre 1989 sich darstellte, die Wachheit, die helle Intelligenz, die scharfäugige Beobachtung, die Spottlust, den beißenden Witz von – ja, eben von Czernowitz gegeben haben sollte. Nichts war hier wahrzunehmen von dem quirlig lebendigen, zynisch unverfrorenen und melancholisch skeptischen Geist, der die Kinder dieser Stadt unverwechselbar als Czernowitzer kenntlich und weltweit berühmt gemacht hatte. Und dennoch war's eine Realität, die ich nicht wegleugnen konnte, und sie war überzeugender als der Mythos, den ich behauptete.

Man hat den Geist von Czernowitz dem nirgend anderswo ähnlich anzutreffenden Neben- und Miteinander der Völkerschaften in der Bukowina und dessen gärender Komprimierung in deren Hauptstadt zugeschrieben, der gegenseitigen Befruchtung und Abschleifung, der beständigen Herausforderung dort, der Notwendigkeit, sich anzupassen, rasch aufzufassen, richtig zu reagieren, die vor allem für die Juden eine Lebensbedingung gewesen war. Alles das schien im Jetzt-und-Hier des gegenwärtigen Czernowce hinfällig geworden zu sein. Die ethnische Buntscheckigkeit von ehemals hatte einem durchwegs homogenen Menschenschlag Platz gemacht. Vom unseligen Wechselbalg völkischer Gesinnung, dem fatalen Nationalismus, der doch auch hier, von außen her geschürt, walpurgisnächtliche Urständ gefeiert hatte, waren kaum noch die allegorischen Spuren zu sehen. Verblaßt unter den Wettereinflüssen eines kontrastreichen Klimas, versinnbildlichten an den Fronten des ehemaligen „Deutschen Hauses", dem „Dom Polski", der rumänischen „Casa Poporului" und des ukrainischen „Narodny Dom" die Fresken hehrer Frauengestalten mit entblößten Brüsten und allerlei symbolischen Zubehör wie Schwert, Buch, Leier, Weizengarben, Adlern und erdrosselten Schlangen jugendstilistisch den Geist der jeweiligen Nationalität – jeweils nur eines der Ingredienzien, aus denen der Czernowitzer spiritus loci die Grundstimmung einer zynischen Unbekümmertheit um hohe Gesinnungen jeglicher Art zusammengebraut hatte. Ein echter Czernowitzer schaute auch dem Spektakel überschäumender Nationalgefühle mit nicht mehr persönlicher Anteilnahme zu als der Maskerade von Gassenbuben.

Aber es war nicht dieser achselzuckende Gleichmut, der zugelassen hat, daß die Hochburgen chauvinistisch angeheizter Kleineleutedünkelei so stehen geblieben waren, wie man sie vor einem vollen Jahrhundert, in der Blütezeit des völkischen Romantizismus, erbaut und sinnbildträchtig hergerichtet hatte. Neben allen anderen, ebenfalls gespensterhaft seelenlos erhaltenen Zeugnissen einer historisch lebhaft bewegten Vergangenheit wirkten sie als einzige vernachlässigt. Ich hatte den Eindruck, sie stünden leer hinter ihren verschäbigten Fassaden, wie Häuser nach einem rücksichtslos gelöschten Brand, bei dem die Feuerwehr mehr Schaden angerichtet hat als die Flammen. Die Aggression, die sie beherbergt hatten, war irgendwann einmal zu heftig aufgelodert, und wer sie ausgerottet hatte, war so rigoros verfahren, daß damit auch alle fruchtbare Gegensätzlichkeit, alle Farbigkeit und Spannung des Neben- und Miteinanders von einem Dutzend Nationalitäten vernichtet war.

Ich versuchte, mir eine Szene aus meinem legendären Tschernopol zu rekonstruieren: Aus der „Casa Poporului" tritt ein Jüngling der rumänischen „Junimea" im ärmellosen, bunt bestickten Schafsfelljäckchen, das grobleinene Hemd über den leinenen Hosenröhren straff blau-gelb-rot gegürtet, den Fichtennadelduft der Waldkarpathen in den Locken und im Blick den Stolz des Dakers, den die Kohorten Trajans zwar zu besiegen, nicht aber zu bezwingen vermocht hatten. Zufällig kommt ein farbentragender Bursch der volksdeutschen „Arminia" vorbei, mit steifem Kragen und flottem Stürmer, das Band quer über der Teutonenbrust. Beim Anblick des Rumänen schnaubt er verächtlich durchs Pflaster über seinem frischen Schmiß – womit unmißverständlich bekundet ist, daß er in dem Rumänen einen „Bauern" und potentiellen Widersacher sieht, obwohl sie beide auf der Universität im selben Hörsaal sitzen. Damit ist Anlaß zu einer handgreiflichen Auseinandersetzung gegeben. Aber sie werden voneinander abgelenkt durch den Anblick eines chassidischen Rabbiners in schwarzem Kaftan, bleicher Gelehrtenhaut und langen korkenzieherhaft geringelten Schläfenlocken unter der Fuchspelzkappe; und unverzüglich sind sie sich

einig, daß ihre Angriffslust in ihm ihr eigentliches Ziel gefunden hat. Vorderhand freilich begnügen sie sich mit Spötteleien, obszönen Gesten und nachgerufenen Schmähworten. Vorderhand –: wir schreiben erst 1930. Das große Signal ist noch nicht gegeben. Es soll bald erfolgen und seine Folgen zeitigen. Im Czernowce von heute ist eine Szene jener Art nicht vorstellbar. Sie spukt nur noch in meinem Hirn, nicht mehr in diesen ordentlich gehaltenen Gassen.Was sich darin vor meinen verwirrt-verwunderten Blicken bewegte, war so durchgehend einheitlich von einem und demselben Schlag, daß gänzlich offensichtlich nichts vorhanden war, was das völkische Eigenwertgefühl hätte provozieren können. Es wanderte zu jeder Tageszeit dahin wie Arbeitervolk, das nach dem Ende der Werkstunden aus Fabriken strömt. Selbst bei gelegentlicher farbiger Ausstaffierung wirkte die Konfektionskleidung im Grundton grau. Auch die Physiognomien waren, wie man so sagt, aus einem Guß: slawisch breitkantig, mit derber Haut und hellem Haar. Es waren Ukrainer — früher nannten wir sie Ruthenen, eine der vielen Minderheiten, wo es gar keine Majorität gab. Im ganzen Bereich der ehemaligen Bukowina hatten sie wenig mehr als ein Drittel der Bevölkerung ausgemacht, in der Stadt Czernowitz zu altösterreichischer Zeit einen viel geringeren Anteil, noch weniger im rumänischen Cernăuţi. Jetzt gab es nur noch sie, die Genossen Volksgenossen der Sowjetrepublik Ukraine, die als das ehemalige Klein-Rußland, vermehrt um das ehemalige Galizien und die nördliche Bukowina, mehr als die Hälfte der europäischen Sowjetunion einnimmt. Sie unterschieden sich auch nicht von anderen Russen. Die Frauen waren fast ausnahmslos plump, die Männer untersetzt und schwammig. Ein Volk der Kohlesser, nicht darbend, nicht unzufrieden, zur Gottergebenheit veranlagt, ernst und sittsam. Sehr sittsam, offenbar. Weiblichkeit drückte sich ostentativ in kleinbürgerlicher Mütterlichkeit aus, allerdings auch in einer fatalen Vorliebe für feuerrot gefärbtes Haar. Nur sehr junge Mädchen gingen in Hosen, Halbwüchsige zeigten in der

Haartracht Ansätze zur Elvis Presley-Imitation. Aber das war eher modisch als weltanschaulich. Alles in allem war das keine Wohlstandswelt, es hatte nichts vom Wahnsinn der Verschwendung und Vergeudung unserer spätabendländischen Konsumparadiese. Nichts wurde einem hier aufgeschwätzt; nichts ärgerte durch seinen schundigen Überfluß. Diese Bescheidung wirkte wohltätig, gleichviel, ob sie unfreiwillig war. Ich fühlte mich verschont von Kaufzwang und Verbrauchsnötigung, und vielleicht bewirkte das den trügerischen Eindruck, die Menschen dieser Welt bewegten sich mit der Würde von absichtlich Verzichtenden. Ich mußte unwillkürlich denken, Adolf Hitler hätte Wohlgefallen an ihnen gefunden.

Es war auch nicht, wie's auf den ersten Blick den Anschein gehabt hatte, eine Welt gänzlich ohne Farben. Vom ehemaligen Austriapalast kam Militärmusik. Das war dereinst der große Marktplatz der Innenstadt gewesen, dorthin waren die ratternden Bauernkarren montags zum Wochenmarkt gestrebt, wo unter einer Wolke von Knoblauch, frischgegerbtem Schafsfell, scharfem Käse, Machorkatabakrauch und Fusel, Bratöl und Kuhfladendunst Handel mit allem Erdenklichen getrieben wurde, von Ochsenhäuten über Kattunkopftücher zu rostigen Vorhängeschlössern, Fuhrmannspeitschen, gestickten Leinenhemden, Mundharmonikas, bündelweise an den Füßen zusammengebundenen Hühnern, Butter auf Huflattichblättern, Eiern in Körben, aus Autoreifen zusammengeschnittenen Opanken, Taschenmessern, Lammfellmützen und unaufzählbar ähnlich vielfältigem Zeug. Unter dem Blau des freien Himmels hatte das die Buntheit eines Tropfbilds von Pollock gehabt, das Durcheinanderschwärmen eines Ameisenhaufens. Dort hatten Juden um abgetragene Kleidungsstücke geschachert, Armenier Leinenballen, Wollestränge und Wagenladungen Kukuruz aufgekauft, Lipowaner ihr schönstes Obst angeboten, Flickschuster ihre Dienste an Ort und Stelle. Huzulenweiber waren mit Roscher Schwäbinnen in Streit geraten, Betrunkene in Prügeleien, Blinde, Lahme,

Aussätzige hatten gebettelt, Zigeuner gefiedelt, die Kümmelblättchenspieler mit verwirrend geschwind hin und her geworfenen zwei schwarzen und einem roten As den stumpfsinnig gaffenden Hinterweltlern die sauer ergatterten Groschen so gründlich abgeknöpft wie die überall emsig arbeitenden Taschendiebe, immer wieder ängstlich nach den Polizisten ausschielend, die sie verhaften oder zu horrendem Bakschisch erpressen konnten. Es war ein Platz des Lebens gewesen, wimmelnd und gärend, Nabel der Kosmo-polis, die Czernowitz in wörtlicherem Sinn gewesen war als manche Weltstadt.

Jetzt war der Platz eine auszementierte Aufmarschfläche, weit, leer, peinlich reingefegt. Aber doch nicht gänzlich steingrau. Eine der Schmalseiten, dort, wo der Hang zur Vorstadt Klokuczka abfällt, war von einer riesigen knallroten Plakatwand eingenommen. Sattes Goldgelb schnitt daraus in streng stilisierter Schablone das Bildnis Lenins* und ließ die vier- und fünfstöckigen Häuser an den Längsseiten des Platzes zwergenhaft erscheinen. Einige Dutzend Marschschritte davor saß jetzt an einem langen Tisch eine Handvoll Honoratioren, die Hälfte davon in Uniform. Achselstücke glitzterten reichbestirnt; weibliches Blondhaar wallte filmreich dauergewellt. Wiederum zwei Dutzend Marschschritte davor waren in drei Gruppen Militärkapellen aufmarschiert, jede kommandiert von einem knollenförmigen Major. Jeweils eine nach der andern produzierte sich in flotten Märschen, heiteren sowohl wie getragenen Musikstücken.

Es handelte sich, wie man mir sagte, um einen Wettbewerb der Garnisonskapellen. Der Regimenter waren viele, sämtliche Waffengattungen waren in Paradeuniform vertreten, auch das gab ein buntes Bild, und jede einzelne der Kapellen tat sich nach der Pflichtübung, die mit der Staatshymne der Sowjetunion endete, mit der Kür einer Sondernummer hervor, vom Radetzkymarsch über das Andreas-

* Der Bericht stammt aus dem Jahr 1989

Hofer-Lied bis zur Ouvertüre des „Freischütz“ – russische Volksmusik, mit einem Wort. Das dauerte nun schon den ganzen Vormittag, und weil es noch dazu ein Sonntagvormittag war, hätte ich meinen sollen, daß der Spektakel eine schaulustige Menge anziehen müßte. Aber nur eine spärliche Anzahl von Vorübergehenden ergötzte sich kurz verweilend daran, selbst als am Ende Bataillone in historischem Kostüm auftraten, Soldaten des kaiserlichen Heeres, das über Napoleon gesiegt hatte, und – weniger farbig, dafür unheimlicher in erdferkelhaften Tarnanzügen – die Überwinder der Armeen Hitlers. Beschlossen wurde die Vorführung von tanzenden Trachtengruppen. Aber deren folkloristischer Aufputz kam so offensichtlich aus dem Theaterfundus, daß sie hier, wo noch vor wenigen Jahrzehnten Volkstrachten zum alltäglichen Anblick gehört hatten, niemandem ein sonderliches Interesse abzulocken vermochten.

Auch ich, der Fremde, deutlich als ein solcher an Anzug und Gehaben zu erkennen, erweckte keins. Kein neugieriger Blick streifte mich, kein Zeichen gab mir zu verstehen, daß ich auffällig sein konnte. Es war, als wäre ich durchsichtig oder nicht vorhanden, und das Gefühl, hier zwar zu Hause, aber doch ein halbes Jahrhundert und eine ganze Welt fern zu sein, verstärkte sich zur irrealen Wirklichkeitsdichte des Traumzustands. Ich war da und doch nicht da. Ich träumte bei voller Wachheit – nicht allein diese handgreiflich reale Stadt, sondern mich selbst in ihr. Derart meinem Stand in Raum und Zeit enthoben, machte ich mich auf zum Haus meiner Kindheit. Um es vorwegzunehmen: Von allen Häusern dieser Stadt, an denen kein Stein verrückt zu sein schien, war es als das einzige nicht mehr da.

Das Haus meiner Kindheit, die über ein halbes Jahrhundert zurückliegt, ist ohnehin ein luftiges Gebäude. Es besteht aus Ein- und Ausblicken mehr als aus festen Wänden; aus Teilansichten, Winkeln, Ecken, einzelnen Möbelstücken, Vorder- und Hintergründen — kurz: aus Fragmentarischem, wie im Filmatelier die zusammengestückten

Kulissen, für einen Film, der aus der Sicht eines Dreikäsehochs aufgenommen wird. Immerhin wußte – und weiß ich, daß es ein Stück weit außerhalb des damaligen äußersten Randgebietes des Stadt in einem großen Garten gelegen war, an drei Seiten noch offen zum freien Land. Ich wußte – und weiß –, daß es wie ungezählte neoklassizistische Villen seiner Art eine säulengetragene Vorderfront mit einer schmalen Terrasse und einen tympanonartigen Giebel darüber hatte und an der Rückseite zur Gartentiefe eine glasverkleidete Veranda. Es war zu erreichen gewesen durch eine lange, gartenreiche Straße des Villenviertels, die Gartengasse. Ich fand sie ohne Schwierigkeit. Auch sie war gänzlich – oder jedenfalls zum größten – Teil unverändert. Traumwirklich so, wie ich sie vor über fünfzig Jahren verlassen hatte, lief sie durch dieselben zwei Zeilen gutbürgerlicher Einfamilienhäuser, die Karl Emil Franzos zum Vergleich mit Schwarzwaldhäuschen verführt hatten. Einzelne davon grüßten mich vertraut. Andere wieder, an der Straßenseite, die zu meiner Zeit noch halbwegs unbebaut gewesen war, verstörten mich: Ich wußte, daß sie nicht dagewesen waren, konnte es ihnen aber nicht absprechen. Sie wiesen keinerlei stilistisches Merkmal, keinerlei Neuigkeit, geringere Abgewohntheit auf, die sie hätten von ihren Nachbarn unterscheiden können. Nichts historisch Kennzeichnendes war ihnen abzulesen, weder die auch architektonisch nationalbewußte Rumänenherrschaft noch beinah fünfzig Jahre kommunistischer Wohnungsbau-Ideen. Hinter den Fliederbüschen und Königskerzen ihrer Vorgärten und efeuüberklettert bis an die Giebel, Erker, Türmchen ihrer von Franzos besungenen Idyllik sprechen sie der Behauptung hohn, daß sie nicht aus derselben irrealen Weltzeit stammen wie das übrige Czernowce. Ich verlor die Sicherheit, mit der ich meinem Ziel zugestrebt war. Diese Gartengasse war um beinah ein Drittel ihrer dereinstigen Länge länger geworden, eben wie in Träumen ein vertrauter Weg sich endlos hinzieht; und als ich schließlich doch ihr Ende erreichte, stiegen vor mir eng hintereinandergestaffelte

Reihen von zehn-, zwölf-, vierzehn- und sechzehnstöckigen Hochhäusern auf und verstellten den Blick, wo er einstmals weit ins freie Land hinausgegangen war.

Ich hätte es erwarten müssen. Es war logisch und konsequent: Mit dem steil abfallenden Hang zum Pruth-Tal, das die Stadt umarmte, war diese die natürliche, die einzige Richtung, in die sie sich hatte entwickeln können – und daß sie sich in dreiundfünfzig Jahren entwickelt haben würde, hatte ich ja im voraus angenommen. Sie hatte es ohnehin unter erstaunlicher Schonung des Vorhandenen getan – so konservatorisch, daß es mich in ein Niemandsland der Zeit und einen Zustand zwischen Traum und grellstem Wachsein versetzt hatte. Nicht nur war alles aus meiner Zeit unangetastet geblieben, es war auch noch Vergangenheitsträchtigeres dazugekommen. Daß einzig das Haus meiner Kindheit ausgenommen sein sollte von dieser denkmalschützerischen Pietät, wollte mir nicht einleuchten. In meiner Erinnerung stand fest, daß wir aus den Fenstern der Südostseite die Pappelreihen einer der großen Ausfallstraßen ins Land hinaus, der Siebenbürgerstraße, sehen konnten, weithin bis zum luftblauen Horizont: ein Sehnsuchtsweg meiner kindlichen Phantasie. In der Tat, auch jene Straße existierte noch; nur war sie nicht mehr einzusehen. Sie war nicht mehr flankiert von Pappeln, in deren Laub die Vögel ein- und ausgeflogen waren, sondern von Wohnblocks und Kaufhäusern, in denen es nur sehr Dürftiges zu kaufen gab. Zwischen ihnen und dem Hochhausgeschwader lag unordentliches, teils unbebautes, teils aufs Geratewohl bebautes Gelände, eine Studentensiedlung, ein nun doch rumänisch anmutendes Waisenhaus, eine Blindenanstalt in den Resten ehemaliger Baumbestände, eingestreut darin laubenkoloniale Einfamilienhäuschen. Dort, dazwischen, daneben oder dahinter mußte das Haus gelegen sein. Aber es war nicht mehr dort. Es war spurlos verschwunden. Es half nichts, danach zu fragen. So entgegenkommend jedermann auch war, niemand wußte etwas davon, war entweder zu jung, zu spät hierher gesiedelt oder konnte sich nicht so weit zurückentsinnen. Je intensiver ich suchte, um so hoffnungsloser verlor ich mich im Unbekannten. Nach zwei Tagen ergebnisloser Suche war das Haus meiner Kindheit ein Gespenst, das allein in meinem Schädel spukte.

Um zu überprüfen, ob ich nicht das Opfer schizophrener Einbildungen sei, setzte ich noch einmal mit der Suche – nun nach mir selber – an, diesmal im Stadtkern. Meine Mutter hatte dort, nach der Trennung von meinem Vater, durch zwei Jahrzehnte ein Haus bewohnt, das gleichfalls in einem großen Garten gelegen war, einzig in seiner Art als Überbleibsel der kleinstädtischen, noch recht ländlichen Vergangenheit von Czernowitz. Es war um die Mitte des vorigen Jahrhunderts erbaut worden und verschont geblieben von der stürmischen Entwicklung der Stadt in den Gründerjahren. Dieses Haus war noch vorhanden. Es stand immer noch in seiner Lücke zwischen links und rechts und gegenüber liegenden respektablen Mietshäusern, und leider lag, was dereinst Garten gewesen war, unter einer Decke von Zement. Überdies schien mir das Haus unglaubwürdig gegen die Straße gerückt zu sein. Anstelle seines Schindeldachs war's mit rostigem Blech bedeckt, und seine ehemals von Jasmin umwachsenen Wände waren nackt und kaffeebraun gestrichen. Auch fehlte die Veranda, die ich freundlich in Erinnerung behalten hatte. Aber das allein war's nicht, was mich verstörte.Auch hier war einiges darum her gewachsen, was meinerzeit nicht da gewesen war, allerlei kleinstädtische und augenfällig von kleinen Leuten gemütlich bewohnte Häuschen, auch eine inzwischen verfallene Fabrikhalle in gelbem Klinkerziegel und eine Flucht von Wohnhöhlen bis in den tiefsten Hintergrund des ehemaligen Gartens. Und nichts, aber auch gar nichts wies darauf hin, daß das alles nicht schon immer darum her gestanden war. Es war von gleicher Bauart, schien aus derselben kleinstädtischen Vorzeit der Stadt zu stammen, war gleicherweise schäbig abgewohnt.

Ich glaubte, mein letztes Restchen Verstand zu verlieren. Wenn schon seit meiner Zeit hier etwas gebaut worden war, dann doch nicht diese Periökensiedlung. Schon in den zwanziger Jahren war das Grundstück, wenige hundert Schritte vom Ringplatz gelegen, ein schieres Lustobjekt für Bauvorhaben gewesen, denen meine Mutter heroisch widerstanden hatte. Seit der Aussiedlung meiner Mutter, 1940, war es herrenlos. Hier hätte ein imposanter Wohnblock hingestellt werden können. Was hatte das verhindert? Doch nicht denkmalschützerische Pietät für diese Krattlerhütten hier, die das Stadtbild verschandelten. Ich konnte schwören, daß sie 1936 noch nicht dagestanden waren. Aber aller Augenschein sprach gegen meinen Eid. Auch hier vermochte ich nichts anderes, als etwas Unglaubwürdiges zu behaupten.

Zu meiner Rettung kam ein Engel in Gestalt einer der Bewohnerinnen. Nein, nein, sie waren tatsächlich nicht dagewesen, diese Nebenhäuser, nur das ganz alte in der Mitte stammte von früher, alles andere darum her war in den Fünfzigern dazugekommen, eine ärmliche Zeit, in der man nicht an große Bauten denken konnte. Nein, auch die abscheuliche Fabrikanlage war erst damals Hals über Kopf errichtet worden, und ja, gewiß war einmal auch eine Veranda am Haus gewesen, und dort, wo jetzt die Reihenwohnungen lagen, waren die ehemaligen Stallungen gewesen, die Böden waren dort immer noch feucht. Jawohl, da drüben waren große Kirschbäume gestanden — und ob ich nicht ins Haus kommen wollte, um zu sehen, daß die Räumlichkeiten die gleichen geblieben waren, es wohnten jetzt allerdings drei Familien darin.

Der Stein, der mir vom Herzen fiel, sank schwer in mein Gemüt. Es war also doch nicht alles die schiere Phantasmagorie, die pure Einbildung, was ich von meiner Frühzeit in Erinnerung behalten hatte – das zu wissen tat wohl. Allerdings zahlte ich meinen Preis dafür. Niemals wieder würde ich ans Haus meiner Mutter denken können, ohne

daß sich nicht darüber die häßliche Realität seines gegenwärtigen Zustands schob. Das eigentliche Haus meiner Kindheit war davon verschont geblieben, dafür aber nun gänzlich irreal geworden, umwittert von einer Sagenhaftigkeit, die mich fürchten ließ, ich selbst könnte niemals mehr recht an seine Wirklichkeit glauben. Wohlan! Im Bereich des Unglaubwürdigen, im Fabelreich phantastischer Einbildungen war mein Tschernopol gelegen, das irreale Bild der Realität von Czernowitz. Die Realität, die ich in Czernowce angetroffen hatte, drohte mir auch die zu zerstören. Ich mußte sie schleunigst wieder verlassen. Man soll die Suche nach der verlorenen Zeit nicht im Geist des nostalgischen Tourismus unternehmen.

Letzte Runde

ICH BIN BALD ACHTZIG, und es ist natürlich, daß ich beginne, Bilanzen zu ziehen. Gefühlsbilanz. Nicht die bange Fragerei: Wie weit hab' ich's gebracht? Was ich meine, ist das Aufspüren der sentimentalen Einflüsse, die das Lebensklima bestimmen. Zum Beispiel: Was bedeutet mir Wien? Welche Rolle in meinem Leben spielt diese Stadt, die meiner Biographie gewissermaßen in großen Stichen angeheftet ist? Vor meinen inneren Augen stehen Bildeindrücke, Episoden: Die frühe Kindheit mit dem Besuch meiner Großeltern in der Wickenburggasse – dort, wo heute (soll ich's symbolisch auffassen?) das Landesgerichtsgefängnis steht: Da war viel Geborgenheit in großbürgerlichem Plüsch, viel gutes Essen, viel Güte und Ermahnung zu gefälligen Manieren – und als unauslöschlicher Lichtblick ein Ausflug in den Prater. Das Riesenrad: Das Gefühl des Aufschwebens über die Stadt, des Hochgehobenwerdens über sie durch eins ihrer Wahrzeichen. Das war eine Art Besitznahme. Es bürgerte mich ein in Wien. Durch mein ganzes Leben hat mich das Bild einer Schießbudenwand mit bunten, aus Blech geschnittenen Zirkusfiguren begleitet: Der Dumme August schlägt eine Trommel; der Starke Mann hebt stöhnend ein Gewicht; die Seiltänzerin läßt zu einem Klingelzeichen ihr Schirmchen über dem Lockenkopf schwanken; der Elefant hebt tutend den Rüssel; der Löwe rollt die Augen und brüllt. Das ist als Essenz von Wien in meine Kindheit eingegangen.

Einen winzigen Zeitsprung später wurde das durch seriöses Bildungsgut angereichert. Artige Museumsbesuche: großes Staunen vor riesigen Bergkristallen im Naturhistorischen; lüsterne Neugier in den Waffenkabinetts des Kunsthistorischen. Aber, dem Knabenalter entsprechend, ein Polizeisportfest auf dem Rapid-Platz und ein anschließender Praterbummel. Jetzt waren's natürlich der Watschenmann und andere Kraftmesser, die mein Ich-Bewußtsein weckten. Was es sonst noch gab – die köstlich hochfliegenden Karussells, die Berg-und-Tal-Bahn, das Hippodrom –, trieb Lebensfrische in die Wangen. Wien war mir einverleibt durch einige Jugend-Stunden im Wurstelprater. Und das sollte so weitergehen. Die Schulzeit mit der gärenden Pubertät in der unsäglichen Langeweile der Klassenzimmer verschaffte alle Sensationen der Vorhölle, hinter der merkwürdigerweise das Paradies des Erwachsenseins wartete. Man konnte sich einen Vorgeschmack verschaffen, indem man schwänzte (was ich ausgiebig tat). Erste Besäufnisse in fragwürdigen Vorstadtcafés; und die ersten Praterbesuche ohne erziehungsberechtigte Begleitung. Also die Grottenbahn und erstes Handgemenge mit weiblichen Zufallsbekanntschaften. Wieder kam das Riesenrad zu Ehren: wenn man zu zweit allein war im Waggon und die Rundfahrt möglichst langsam und stockend vor sich ging. Mit einem Wort: Wien senkte sich auch mit einer Prise Lebensnot in mein Gemüt. Wie die Tyrannen die Boten köpfen lassen, die ihnen schlimme Botschaft bringen, so haften wir auch den Orten unserer Niederlagen die Schuld dafür an.

Aber der Lohn der Treue: Noch ein winziger Zeitsprung von drei, vier Jahren, und ich stehe an den Pforten des Paradieses. Tanztees beim Hübner. Die (bezweifelbaren) Freuden des Heurigen mit Schrammelmusik. Im Café Paulanerhof exhibitionierten sich die Schwulen. Der Opernball mit Frack und Seidenhut. Das G'schnasfest. Aber es ist die Zeit der herzbeklemmendsten Verliebtheiten. Brausend lustige Praterabende unter Kastanienblüten in ausgelassener Kumpanei. Doch wieder gute alte Grottenbahn und das zeitlupenhaft sich drehende Riesenrad, nur nicht mehr in Gesellschaft von Zufallsbekanntschaften, deren Schminkstift untilgbare Schmierer und kleine Schwaden von Patschuligeruch hinterlassen hatten, sondern mit wohlduftenden, sanft anschmiegsamen, dauergewellten Blondinen im Arm.

Folglich erste Heiratsabsichten und schreckliche Angst vor unehelichen Kindern . . .

Dieses Gefühlspaket hieß für mich: Wien. Ich nahm es mit mir heim in die ferne Bukowina und allenthalben anderswohin: denn es begann die Zeit des Reisens. Zum Wiener Riesenrad gesellte sich der Pariser Eiffelturm, zum Wurstelprater der Tivoli von Kopenhagen – aber bald war der Reiseleiter ein Herr mit einer Schlawinerlocke über dem linken von zwei hochgerühmt blauen Augen und einem kleinen schwarzen Borstenbärtchen unter der Nase, die daran zu schnüffeln schien, als röche es schlecht. Dank ihm gelang das Reisen lebensgefährlich zu werden. Aber kurz vorher noch, in den Tagen nach der Walpurgisnacht vom 12. März 1938, die jener Herr aus Berlin-Berchtesgaden entfesselt hatte, durfte ich einen (vorderhand) letzten, abschiednehmenden Blick auf Wien werfen. Es war Abend, und ich stand auf dem Kobenzl. Mit mir waren einige Freunde, die wußten, daß es ihr letzter Blick auf ihre Heimatstadt sein sollte. Die Straßenampeln blinkten auf und überzogen das dunkelnde Gelände mit einem Netz von leuchtenden Perlenschnüren, und im Dunst, der sich rötlich färbte, zeichnete sich fein, fast filigran, das Riesenrad ab. Es war – Gott sei's gedankt – doch nicht mein Abschied von Wien; aber der von meiner Jugend. Mit dem Abschied von der Jugend setzt bekanntlich die Reife ein. Man geht nicht mehr in den Prater, um Wunder zu suchen.

Der leere Prater, der herbstliche und winterliche, zeigt seinen Zauber. Man wandert durch ihn im harmonischen Gleichschritt, die Hand der Begleiterin zärtlich bei der eigenen in der Manteltasche. Man schaut – und sieht. Die Buden und Vergnügungpaläste sind geschlossen. Jetzt, im winterlich harten Licht, zeigen sie ihren Witz, ihre Ironie. Ihr frecher Surrealismus, ihr schonungslos übertriebenes Zitieren sämtlicher architektonischer Stile von der Antike bis zum Art deco, zum Postmodernismus – all dieses kulturelle Sammelsurium wird zur

Parodie der Stadt. So ist Wien im Ganzen, mit seinem Anspruch, seiner Konfusion, dem Spuk seiner Vergangenheit, dem Zynismus seines goldenen Herzens. Der Prater hält ihm den Spiegel vor. Es kommt viel unbewußte und bewußte Verlogenheit zum Vorschein; und wahrscheinlich ist das Beste, was ich Wien verdanke: daß es den Prater gibt, um diese zu durchschauen.

Fremdsein

Herausgegeben von Angelica Schütz und Felix Mitterer

„Nichts fürchtet der Mensch mehr als die Berührung durch Unbekanntes." – Mit diesem Satz leitet Elias Canetti seinen großen Essay „Masse und Macht" über Grundkategorien menschlichen Verhaltens ein und bezeichnet damit jene soziale Ur-Tatsache, in der sich Angst und Verwundbarkeit, das Bewußtsein existentieller Gefährdung, von Heimatlosigkeit und Ausgestoßensein zusammenfinden. Diese Grunderfahrung des Menschen hat in unserem Jahrhundert eine bis dahin unbekannte, dramatische Dimension angenommen: Zwei Weltkriege und ungezählte andere Konflikte zwangen Millionen Menschen in die Fremde. – „Fremdsein" wurde zum alltäglichen Schicksal: auf der Flucht, in Exil und Emigration.
Angesichts einer Situation, in der Fremdenhaß und Fremdenfurcht auf zunehmende gesellschaftliche Akzeptanz stoßen, ist es die Idee der vorliegenden Sammlung, einen poetisch-essayistischen Zugang zum Begriff des „Fremdseins" zu finden, sein weites Spektrum – vom Fremden in mir selbst zum Fremden vor der Tür – literarisch auszuloten.
Die hier versammelten Texte reichen von Homers *Odyssee*, deren Held auf seiner Irrfahrt durch unbekannte Fernen noch vertrauensvoll der Stimme der Götter folgt, über Zitate aus Texten der Weltliteratur, wie Dantes *Divina Commedia*, bis zu Autoren der Exil-, Gastarbeiter- und Migrantenliteratur. Unmißverständlich formulieren sie den eindringlichen Appell an uns alle: in der Erkenntnis der eigenen Schwäche umzudenken, bereit zu sein für eine Begegnung mit dem Fremden ohne Angst und ohne Beklemmung, für den Weg zur Öffnung und Versöhnung mit dem Anderen in unserer Gesellschaft. Das Buch will damit keine unrealistischen Utopien festschreiben, sondern plädiert vielmehr für einen Lernprozeß: unsere Differenz zum Fremden zu verwandeln in ein Sein *mit* ihm.

240 Seiten, mit Illustrationen von Gerhard Gepp, gebunden mit Schutzumschlag. ISBN 3-224-17675-X. Jugend und Volk

J&V